DIE REIHE
Archivbilder

SAALFELD

HÄNDLER, WIRTE, KUNDEN

Traditionelles Zentrum des Handels war noch bis ins 20. Jahrhundert der Markt. Mit Pferde-wagen, Handwagen oder sogar nur mit Kiepen brachten die Bauern, Gärtner und Kleingärtner ihre Ware auf den Wochenmarkt. Auf diesem Foto um 1910 sind im Hintergrund die Lieden mit verschiedenen Geschäften zu sehen: Sattlermeister Adolf Markert, Schnitt- und Konfektions-waren Gustav Petersilge, Seilerwaren Karl Sontag, Schuhwaren Hermann Röbel und die Materialwarenhandlung „F.G. Müller".

DIE REIHE
Archivbilder

SAALFELD

HÄNDLER, WIRTE, KUNDEN

Claudia Streitberger

SUTTON
VERLAG

Robert Schau, der Pächter der „Alten Schänke" in Graba (sitzend, vorn links) ließ sich um 1900 mit seinen Gästen im Hof der Gaststätte fotografieren. Aus dem Fenster schaut Tochter Clara.

Sutton Verlag GmbH
Hochheimer Straße 59
99094 Erfurt
www.suttonverlag.de
Copyright © Sutton Verlag, 2004

ISBN 978-3-89702-703-9

Druck: Books on Demand GmbH, Norderstedt, Deutschland

Titelbild: Der Gastraum der alte Gaststätte von Wilhelm Gerlicher im Eckhaus Saalstraße / Saumarkt. Aufnahme aus dem Jahre 1908 von Paul Kratzert.

4

Inhaltsverzeichnis

Abbildungsnachweis

Fotografen:
Jacobi, A. / München: 111 u.; Keilbar, Ernst / Saalfeld: 19 u.; Kluba & Bambey / Saalfeld: 80 o., 79 u.; Knauf & Pratsch / Saalfeld: 40 u.; Kohl-Otte / Pößneck: 59 o. Korn, Eduard / Saalfeld: 34 o., 110 o.; Kratzert, Paul / Saalfeld: 17 o., 25 o., 27 u., 60 o., 64 o.l., 69 u., 87 u., 88 o., 89, 106 o.; Moritz, Klaus: 80 u.; Muche, Arthur / Saalfeld: 13 o. und u., 24 o., 44 o., 58 o., 70 o., 75 o.; Roschlau, Karl / Saalfeld: 18 u., 75 u.; Paetsch, Georg / Saalfeld: 75 o.; Schau, Robert / Saalfeld: 9, 90 o., 102 o., 105 o., 120 o.; Stöckigt, Karl / Saalfeld: 39 o., 56 o.; Stöckigt, Richard / Saalfeld: 11 u., 15 u., 68 u.l., 68 u.r., 87 o., 122 o.; Streitberger, Irmgard / Saalfeld: 77 u.

Leihgeber:
Anding, Günther / Saalfeld: 9, 90 o., 102 o., 105 o., 120 o.; Apel, Heinrich / Graba: 11 o., 63, 71, 73 u.; Blayer / Saalfeld: 32 o. und u., 33, 82 o. und u., 83 o. und u., 110 u., 118 u.; Blochberger, Roland / Saalfeld: 76 o. und u., 77 o. und u.; Bloß, Rolf / Saalfeld: 27 o.; Bock, Lothar / Saalfeld: 115 o.l.; Born, Gabriela / Saalfeld: 85; Bruncke / Saalfeld : 108 o.l.; Eberhardt, Annelore / Saalfeld: 65 u., 66 o. und u., 67 o.; Esefeld, Chr. / Kaulsdorf: 10 u.; Fehler, Frank / Saalfeld: 103 o. und u.; Hiller, Willi / Saalfeld: 48 u., 72; Kühnpast, Frank / Saalfeld: 39 u., 125 o. und u.; Lokies, Ingo / Saalfeld: 109 o.; Müller, Margot / Breternitz: Titelfoto, 25 o. und u., 69 u., 70 o., 71 o.; Müller, Werner / Saalfeld: 18 u. Müller, Wolfgang / Saalfeld: 95, 104 o.; Nestler / Rudolstadt: 50 o.; Rickowski, Bernd / Saalfeld: 81, 88 u.; Scheidig, Gerhard / Remschütz: 60 u.; Schmidt, Peter / Saalfeld: 74 u., 75 o.; Schulz, Helmut / Saalfeld: 38 o. und u.; Schwaabe, Volker / Beulwitz: 124; Seidel, G. / Saalfeld: 22 o. und u., 41 o.; Seidel, Wolfgang / Saalfeld: 23 u.r.; Sell, Günter / Saalfeld: 124 o. und u.; Sieburg, Wilhelm / Saalfeld: 101 o.; Stollberg, Chr. / Saalfeld: 92 o.l. und r.; Thiele, Heinz / Saalfeld: 14 u.; Vogel / Saalfeld: 23 u.l. Streitberger, Werner / Saalfeld: 30 u. , 44 o., 49, 54 u., 55 o., 57 u., 58 o., 61 o., 62 o. und u., 121 o.; Wolthaus, Dirk / Selb: 106 u., 107 o. und u.

Alle anderen Bilder stammen aus dem Bildarchiv des Stadtmuseums Saalfeld, sind aber hinsichtlich Fotograf und Herkunft nicht näher bestimmbar.

Literaturverzeichnis

GRUNDMANN, LUISE / WERNER, GERHARDT: *Saalfeld und das Thüringer Schiefergebirge*, Böhlau Verlag Köln Weimar Wien 2001.
Saalefische. *Beiblatt zum Saalfelder Kreisblatt.* Jg. 1-3, 1887-1889; Jg. 4-16, 1892-1914; Jg. 27-44, 1922-1939. Als Beiblatt zur Neuen Saale-Zeitung, Neue Folge, Jg. 1-4, 1993-1996
Saalfelder Adressbücher. Saalfeld 1876-1950
Saalfelder Kreisblatt. *Amtsblatt der Stadt Saalfeld.* Erschienen vom 1. Januar 1872 bis 31. März 1943
Saalfelder Weihnachtsbüchlein. Jg. 1-87, Saalfeld 1854-1940; Jg. 88-94, Saalfeld 1991-1997
WERNER, GERHARD: *Geschichte der Stadt Saalfeld*, Band I bis IV. Saalfeld 1995-1998.
Dokumente und Archivalien des Stadtmuseums Saalfeld.

Einleitung

Auch der nunmehr zweite Band der Reihe „Archivbilder" über Saalfeld wird sich wieder mit der Alltagsgeschichte der Stadt befassen – diesmal mit dem Geschäftsleben. Ausgangspunkt dafür sind zwei Ausstellungen des Stadtmuseums: die im Sommer 2003 mit großem Erfolg gezeigte Ausstellung „Händler und Kunden – Geschäftsleben im vorigen Jahrhundert" und die jetzt im Oktober 2004 beginnende Dokumentation über „Restaurants, Hotels und Kneipen im alten Saalfeld". Damit ist dieses Buch also gleichzeitig auch eine Art „Ausstellungskatalog".

Doch natürlich kann und will es kein lückenloses Nachschlagewerk aller Saalfelder Gaststätten und Geschäfte sein. Sinnvollerweise musste sowohl bei den Bildern als auch bei den begleitenden Informationen eine Auswahl getroffen werden. Zum einen, weil das Quellenmaterial in sehr unterschiedlichem Umfang vorhanden ist, und zum anderen, weil die Vielfalt und Entwicklung des Geschäftslebens exemplarisch dargestellt werden soll. Der Zeitraum, in dem die hier gezeigten Fotos entstanden, erstreckt sich von den Anfängen der Fotografie in den 1860er-Jahren bis etwa zum Beginn des Zweiten Weltkrieges. Einige wenige Aufnahmen zeigen auch die Veränderungen nach dem Krieg.

Obwohl Saalfeld an der seit Jahrhunderten wichtigen Handelsstraße von Nürnberg nach Leipzig lag, kam die Entwicklung der Industrie in der ersten Hälfte des 19. Jahrhunderts nur zögernd in Gang. Die Stadt zählte seinerzeit etwa 3.500 Einwohner, die sich hauptsächlich vom Handwerk und Kleinhandel ernährten. Traditionell und noch zu Beginn des 19. Jahrhunderts spielte sich der Handel fast ausschließlich auf dem Marktplatz ab. Neben den regelmäßig abgehaltenen Wochenmärkten – auf denen die Bürger ihren Bedarf an Lebensmitteln einkauften – wurden mehrmals im Jahr auch Jahrmärkte veranstaltet, auf den die Händler und Handwerker Haushaltwaren, Kleidung, Gerätschaften und alle anderen Gebrauchsgegenstände des täglichen Bedarfs anboten. Geschäfte entstanden erst später. Zunächst wurden unter den Lieden hölzerne Verkaufsstände aufgeschlagen, wo der Händler und seine Ware vor Wind und Wetter geschützt waren. Viele Händler boten ihre Ware auch direkt an einem Fenster ihres Hauses an, dessen Läden nach Feierabend geschlossen wurden. Bei manchen Häusern musste man auch erst durch Klingeln den Verkäufer herbeiholen und um die entsprechende Ware bitten. Erst später entstanden die ersten eigenen Verkaufsräume mit Ladentisch, wie wir sie heute gewohnt sind. Die bislang oft nur normal großen Verkaufsfenster wurden schließlich vergrößert, um dort für die Kunden die Waren zur Ansicht und Vorauswahl auslegen zu können. Das erste richtige Schaufenster Saalfelds besaß um 1860 der Klempnermeister Emil Franke in der oberen Saalgasse. Es galt damals als ein viel bewundertes Prunkstück!

Gasthöfe wurden vor allem im Bereich des Marktes und entlang des Verlaufes der alten Handelsstraße Nürnberg–Leipzig, also in der Blankenburger Straße, eröffnet. Es waren Rasthöfe und Ausspannen für Fuhrwerke und die Unterbringung von Reisenden. Kleine Bierkneipen gab es vor allem in den Gassen und Nebenstraßen. Oft erwarben auch Händler die Schenkgerechtigkeit und durften dann Bier und / oder Schnaps ausschenken. Den eigentlichen Beginn der Industrealisierung Saalfelds läutete die Gründung der ersten deutschen Nähmaschinenfabrik durch Adolf Knoch ein. Viele weitere Betriebe folgten – z.B. die Schokoladenfabrik Mauxion, die Kartonagenfabrik Schlutius, Eisengießereien, Waschmaschinen- und Werzeugmaschinenfabriken. Die Einwohnerzahl Saalfelds stieg innerhalb von gut 50 Jahren um fast das Dreifache: von etwa 5.000 im Jahre 1864 auf 14.400 im Jahre 1910. Parallel dazu entwickelte sich auch die städtische Infrastruktur weiter. Das öffentliche Leben spielte sich vor allem auf dem Markt, in der Blankenburger Straße, der Oberen Straße und in der Saalstraße ab. Hier siedelten sich Geschäftsleute an, wurden Gaststätten und Hotels eröffnet und zwei Kaufhäuser („Schwenk" in der Oberen Straße sowie „Becker & Salinger" in der Saalstraße) eingerichtet. Am Bahnhof wurden mit dem Aufkommen des Reiseverkehrs Hotels gegründet, und in den Industriegebieten (Kulmstraße, Pößnecker Straße, Lachen- und Bahnhofsstraße) entstanden viele neue kleine Bierkneipen.

Das Leben des „kleinen Mannes" fand aber auch in den Gassen und Nebenstraßen Saalfelds statt. Denn hier gab es zahlreiche kleine „Tante-Emma-Läden", die den umliegenden Familien einen leichten und billigen Einkauf ermöglichten. Zudem boten viele Restaurants und Bier-kneipen Treffpunkte, die dem Austausch von Neuigkeiten ebenso dienten wie der Zerstreuung und Unterhaltung. Viele der in diesem Buch gezeigten gastronomischen Einrichtungen gibt es heute nicht mehr – von den hier ausgewählten 20 Restaurants und Kneipen existieren heute nur noch vier! Sie fielen den Zeitläuften zum Opfer oder erlebten die unterschiedlichsten Ver-änderungen: Sie wurden aufgekauft, aufgegeben, verändert, umgewandelt oder abgebrochen. Einige Häuser wurden auch beim Bombenangriff im April 1945 zerstört, wie z.B. „Gerlichers Ecke", „Café Morgenstern" und „Prinz Ernst".

Das nun vorliegende Buch kam dank der intensiven Mitarbeit Saalfelder Bürger zustande. Viele Freunde und Bekannte öffneten mir bereitwillig ihre Fotoalben und gaben mir interessante weiterführende Informationen. Ohne Unterstützung durch die Stadtverwaltung Saalfeld und ohne die Möglichkeit der Nutzung des Bildarchivs im Stadtmuseum wäre dieses Buch nicht möglich gewesen. Finanzielle Unterstützung erhielt ich durch die Kreissparkasse Saalfeld-Rudolstadt, und fotografische Arbeiten übernahm mein Mann, Fotograf im Landesamt für Denkmalpflege. Ihnen allen sei an dieser Stelle herzlich gedankt!

Es ist wieder eine Publikation von Saalfeldern für Saalfelder entstanden, die ein beeindrucken-der Beweis dafür, dass es doch häufig die kleinen Dinge des Alltags sind, die ganze Generatio-nen geprägt und Stadtgeschichte geschrieben haben. Viele verbinden mit Namen wie Rexrodt, Eisen-Kahl, Schwaabe oder Sell noch sehr lebendige Erinnerungen. Oder erinnern Sie sich vielleicht noch an das „Coburger Hofbräu", das „Loch" wie es früher einmal war, oder an das „Café Morgenstern"?

Ich hoffe, ich kann Sie mit diesem Buch ein bisschen in eine Zeit zurückversetzen, die wir heute mit Staunen oder auch etwas Wehmut betrachten, die aber für unsere Großeltern und Urgroß-eltern noch lebendiger Alltag war. Lassen Sie sich einladen zu einem interessanten Streifzug durch die Saalfelder Vergangenheit, und haben Sie viel Freude beim Lesen und Betrachten des Bildbandes. Und vielleicht kann ich Sie mit diesem Buch auch motivieren, weiterhin Doku-mente und Fotos aus Saalfelds Geschichte zu sammeln, Erinnerungen aufzuschreiben und diese einmal der Öffentlichkeit zugänglich zu machen.

Saalfeld, im Juli 2004
Claudia Streitberger

1

Restaurants und Kneipen

Da Saalfeld am Kreuzungspunkt mehrerer wichtiger Fernhandelsstraßen (u.a. der Nürnberg–Leipziger Handelsstraße) lag, gab es bereits im Mittelalter viele Gasthöfe. Die ältesten standen entlang der Route zwischen Oberem Tor und Blankenburger Tor. Dazu gehörten: der „Schwarze Bär" (im 19. Jahrhundert abgebrochen), der „Rote Hirsch" (an seiner Stelle steht jetzt das Geschäftshaus Blankenburger Straße 6; der spätere „Rote Hirsch" am Markt erhielt seine Konzession erst nach 1850), das Gasthaus „Schwarzer Bock" (später „Gambrinus") und das Gasthaus „Goldene Sonne" (später „Preußischer Hof"). 1484 kam noch das Gasthaus „Storchennest" (Stadtschloss oder alte Münze, gegenüber der Marktapotheke) dazu, dessen Gaststättenbetrieb aber nur bis 1627 bestand. Nach dem großen Stadtbrand von 1517 entstanden die „Güldene Gans" (jetzt Hotel „Anker") und das Gasthaus „Halber Mond" (jetzt „Kanzler Kaffee"). Um die Wende vom 18. zum 19. Jahrhundert öffneten eine Reihe kleinerer Wirtshäuser oder Restaurants. Einer statistischen Erhebung zufolge hatte Saalfeld im Jahre 1899 bei gerade einmal 11.500 Einwohnern nicht weniger als 57 Gast-, Bier- und Speisewirtschaften! Zu Beginn des 20. Jahrhunderts wurden viele Gaststätten umgebaut und erweitert, da mit der wachsenden Zahl von Einwohnern und Vereinen der Bedarf an Räumlichkeiten für Versammlungen, Feiern und Tanzveranstaltungen stark angestiegen war.

Die „Alte Schänke" in Graba um 1900. In der Mitte des Bildes ist das damalige Pächter-Ehepaar Schau mit Tochter Clara zu sehen. Robert Schau war ein begeisterter Hobbyfotograf und hinterließ eine Reihe interessanter Aufnahmen von der Stadt. Dieses Bild wurde von ihm vermutlich mit der eigenen Kamera und Selbstauslöser angefertigt.

Die Gaststätte wurde 1863 eröffnet und erhielt 1915 die Bezeichnung „Alte Schänke". Sie brannte 1933 ab, wurde neu gebaut und noch im gleichen Jahr wiedereröffnet. Seit 1950 befindet sich hier eine Jugendherberge.

Eine Innenansicht der „Alten Schänke" aus dem Jahre 1908: Hinten links sind die Wirtsleute Max und Martha Thiele – spätere Pächter des Ratskellers und Nachfolger des Ehepaares Schau – zu sehen.

Im Mittelalter befand sich auf diesem Gelände das Vorwerk des Benediktinerklosters. 1863 wurde hier die Vorwerksbrauerei „Hülß & Co" gegründet, die später unter der Bezeichnung „Elias Müller, Vorwerksbrauerei Graba" bekannt wurde.

Seit 1898 war Eduard Müller (Sohn von Elias Müller) Inhaber der Vorwerksbrauerei in Graba. Im Jahr 1902 übernahm die Altenburger Aktienbrauerei das Unternehmen, wobei ab 1909 nur noch die Mälzerei betrieben wurde. 1933 zerstörte ein Großbrand sowohl das Brauerei- und Mälzereigebäude als auch die Gaststätte.

Im Jahre 1892 gründete der Kaufmann Sigmund Gütermann das Bürgerliche Brauhaus in der Pößnecker Straße. Zum einjährigen Bestehen des Hauses wurde dieses Foto gemacht.

1897 erwarb Otto Eckard die ehemalige Mälzerei der Vereinigten Dampfbrauereien und gründete eine Malzfabrik. Das Gebäude wurde gegen Ende des Zweiten Weltkrieges als Wehrmachtsdepot benutzt und am 12. April 1945 von Wehrmachtsangehörigen völlig niedergebrannt.

Der Unternehmer Otto Eckard aus Plauen (1869-1945).

Seit seiner Erbauung im 16. Jahrhundert beherbergt das Rathaus den Stadtweinkeller. Gleichzeitig gab es auch einen Bierausschank. 1913 wurde Max Thiele Ratskellerwirt. Er wohnte mit
seiner Familie im Erdgeschoss des Rathauses und hielt im Innenhof Schweine, die zur Gaudi
der Saalfelder immer wieder mal ausbüxten. In dieser Zeit wurde der „Ratskeller" baulich so
umgestaltet, wie er hier im Bild zu sehen ist.

Der Schützenverein traf sich regelmäßig im „Ratskeller". Seine Mitglieder hielten viel auf sich
und achteten sehr auf Etikette. Dies wird auch im Pachtvertrag von 1913 deutlich, wo es heißt:
„... Kellnerinnen-Bedienung ist ausgeschlossen, ebenso die Veranstaltungen von Tingeltangel
und dergl. Darbietungen niederen Ranges."

Die älteste nachweisbare Raststätte befand sich auf dem Grundstück der heutigen alten Münze. Schon 1484 richtete Hans Boner, Bürgermeister und Amtmann Saalfelds, im Haus die Gaststätte „Zum Storchennest" ein, die bis 1627 bestand. 1602 wurde das Gebäude durch einen Neubau – das alte Schloss und die spätere Münze – ersetzt.

In der zweiten Hälfte des 19. Jahrhunderts eröffnete der Maurermeister Karl Wohlfahrt in der Gerbergasse 5 eine Bierkneipe mit der anspruchsvoll klingenden Bezeichnung „Restaurant". Es war jedoch nur ein kleiner Schankladen mit einfachster Einrichtung, die dem Grundriss der Wohnung angepasst war. In Bierkneipen wie dieser fand das gesellige und politische Leben der Arbeiter statt.

Der Bäckermeister und Händler David Lange eröffnete 1878 in der Johannisgasse 10 / Ecke Köditzgasse die Restauration „Bücke Dich", die später unter der Bezeichnung „Johannisklause" bekannt wurde. Der spätere Wirt Hermann Kluge betrieb im gleichen Haus 1897 auch noch eine Materialwarenhandlung.

Schon 1821 wurde am Alten Markt von dem Schlossgärtner Friedrich Lauterbach eine Gaststätte – das „Lauterbachsche Lokal" – mit Saal, Kegelbahn und Gartenbewirtschaftung eröffnet. Sie bestand bis zum Jahre 1852 und wurde dann verkauft.

Am Anfang der Blankenburger Straße – vom Markt aus gesehen – stand links das als „Alte Bärenschänke" bekannte Gebäude. Der erstmals 1677 erwähnte Gasthof „Zum Schwarzen Bären" ging in der zweiten Hälfte des 19. Jahrhunderts ein. Das Haus wechselte daraufhin oftmals den Besitzer und musste 1907 einem Neubau weichen.

Der alte Straßengasthof „Zur Goldenen Sonne" in der Blankenburger Straße 21 bestand mindestens seit dem 18. Jahrhundert. Hier machten Reisende Halt, übernachteten und versorgten ihre Pferde. 1869 erhielt das Haus die Bezeichnung „Preußischer Hof". Unter häufigen Besitzerwechseln bestand die Gaststätte – zuletzt als „Deutscher Hof" – bis etwa 1965.

1853 eröffnete der Schuhmachermeister Theodor Sontag in der Köditzgasse 14 eine Bierwirt-
schaft. Später befand sie sich im Besitz des Brauers Wilhelm Trauschold und wurde schließlich
1889 von der Vereinigten Dampfbrauerei AG übernommen. Die nach 1900 unter dem Namen
„Tucherbräu" bekannte Gastwirtschaft wurde um 1970 geschlossen.

Eine Innenansicht der inzwischen umgebauten und erweiterten Gaststätte. Das Haus war u.a.
um ein Stockwerk erhöht worden. Besitzer war nun Walter Escher, der auch gleichzeitig eine
Fleischerei betrieb.

1832 gründete die Gesellschaft „Erholung" die gleichnamige Gaststätte als Vereinslokal. Hier fanden zwischen 1855 und 1870 auch alle größeren Theater-, Konzert- und Tanzveranstaltungen statt. Später erwarb der Pianofortefabrikant Ottomar König das Gebäude. Er stellt den Saal zur Benutzung für Veranstaltungen weiter zur Verfügung, allerdings ohne die Gaststätte zu bewirtschaften.

Die festlich gedeckte Hochzeitstafel von Marie und Armin Köhler – Besitzer des Gasthauses „Himmelreich" am Ebertplatz 1 – im eigenen Hause. Die Aufnahme entstand 1925.

1692 wurde das Gasthaus „Neue Schänke" (seit 1847 „Meininger Hof") auf landesherrliche Kosten erbaut. Zum Gasthof gehörten eine Mälzerei und Brauerei. Seit 1802 befand sich das Gebäude wechselnd in Privathand bzw. in städtischem Besitz. Um 1900 gehörte die Gastwirtschaft zur Vorwerksbrauerei in Graba.

1899 wurde zusätzlich ein neu gebauter Saal eingeweiht, der bereits über elektrische Beleuchtung verfügte. 1924 wurde der Saal des „Meininger Hofs" zum „Neuen Theater" umgebaut, und die Stadt erhielt eine regelmäßige Theaterbespielung durch das Landestheater Rudolstadt. In dem auch für Kinoveranstaltungen genutzten Saal wurden 1927 die „Meininger-Hof-Lichtspiele" eröffnet.

Schon im 19. Jahrhundert befand sich vor dem Oberen Tor ein Gartenlokal. Der Neubau erfolgte 1906 im Auftrag des Bürgerlichen Brauhauses. Es entstand ein Gewerkschaftshaus, dessen Wirtschaft von Gastwirt Jean Emmermann betrieben wurde. Nach dem Ersten Weltkrieg erhielt die Gastwirtschaft die Bezeichnung „Bürgerbräu". 1920 wurde im Saal ein Lichtspieltheater eröffnet.

Eine Stammtischrunde im „Bürgerbräu". In den Räumen der Restauration fanden regelmäßige Vereinsabende statt, bei denen dem Alkohol sicher des öfteren reichlich zugesprochen wurde. Das Schild der „Antialkohol-Gegner" spricht eine deutliche Sprache: Der „§11" stammt aus dem Biercommers der Studenten und besagt „Es wird fortgesoffen!"

Die „Coburger Bierstuben" in der Blankenburger Straße 7 wurden von 1891 bis 1923 von Eduard Becker, Ehefrau Helene und Sohn Carl betrieben. Schon 1838 hatte hier der Färbermeister Daniel Thom eine Schankwirtschaft eröffnet. Nach 1945 war das Gebäude als „Samen Neubert" bekannt. Nach 1990 wurde es abgebrochen und durch einen Neubau ersetzt.

Diese Herrenrunde präsentiert sich in den „Coburger Bierstuben" selbstbewusst dem Fotografen. Mit dabei sind die Betreiber der Gaststätte, Helene Becker (Mitte) und Eduard Becker (rechts am Rand). Die Aufnahmen solcher Kneipengesellschaften dokumentieren, dass sich ein Gutteil des geselligen Lebens in der Kneipe abspielte.

Das Bierlokal „Kaiserkrone" befand sich seit 1875 in dem Renaissancegebäude in der Köditz-gasse 1a. In der Gaststätte traf sich vor allem die Handwerkerschaft, und seit 1950 war es u.a. auch das Stammlokal der Thüringer Sängerknaben. Blick in die Gaststätte mit dem einzigen Carambolage-Tisch in Saalfeld in den 1960er-Jahren.

Zu den Stammgästen der „Kaiserkrone" zähl-ten die Saalfelder Originale „Lui und Hugo". Beide wurden durch die mundartlichen Geschichten in den „Säfenblasen", aufge-schrieben von Hermann Meyer, bekannt.

Ähnlichen Bekanntheitsgrad hatte der „Blau-flügel" aus Arnsgereuth, der ebenfalls häufig in der „Kaiserkrone" anzutreffen war.

Der Fleischermeister und bisherige Ratskellerwirt Wilhelm Gerlicher kaufte 1872 das Eckhaus in der Saalstraße / Saumarkt und richtete eine Fleischerei und Gastwirtschaft ein. Sohn Karl Gerlicher ließ das alte Gebäude abreißen und baute in mehreren Etappen von 1905 bis 1912 das hier gezeigte, sehr viel schönere und größere Wohn- und Geschäftshaus „Gerlichers Ecke" mit Fleischerei und Speiserestaurant.

1929 übernahm Wilhelm Gerlicher die Gaststätte. Die NSDAP nutzte sie eine Zeit lang als Traditionslokal, wobei es immer wieder zu politischen Auseinandersetzungen zwischen den Gästen kam. Das Gebäude wurde 1945 durch Fernbeschuss der Wehrmacht auf die bereits von amerikanischen Truppen eingenommene Stadt völlig zerstört.

Die Herren der Stammtischrunde „Holzkästel" ließen sich 1908 durch den bekannten Saalfelder Fotografen Paul Kratzert ablichten.

Diese Aufnahme von Saalfelder Gastwirten wurde während eines Besuches auf der Gastgewerbe-Ausstellung am Berliner Funkturm 1930 gemacht. Von links: Rex („Preußischer Hof"), Bonhardt („Bürgerbräu", dann „Tanne"), Wilhelm Gerlicher, Herkner („Gambrinus"), unbekannt, Weltrich (Gasthaus „Weltrich"), Keppel („Tanne") und Frenzel („Bierstube").

Schon 1859 betrieb der Riemmeister und Bierschänk Ernst Franke im Haus Markt 16 eine Gaststätte mit Billard und Bierausschank. Die Wirtschaft wechselt häufig Besitzer und Namen – so
hieß sie zeitweilig u.a. „Lokal der Madame Franke" oder „Liebmanns Restaurant".

Spezial-
Ausschank

**Coburger
Hofbräu**

Besitzer:
Arno Liebmann

**Bürgerliches
Speisehaus**

1906 eröffnete dann Arno Liebmann die Gaststätte unter dem Namen „Coburger Bierstube",
und als „Coburger Hofbräu" blieb sie bis zum Kriegsende bestehen. Heute befindet sich hier ein
Lebensmittelgeschäft. Hier eine Werbung aus dem Jahre 1930.

26

Seit 1894 bestand in der Bahnhofsstraße 9 die Gaststätte von Hugo Althans, die später von Schwiegersohn Erich Bloß weitergeführt wurde. Nach dem Bombenangriff im April 1945 musste das stark beschädigte Haus wieder instand gesetzt werden, und alle Veranden wurden abgerissen. Die ehemaligen Fremdenzimmer wurden jahrelang als Wohnungen genutzt, bis das Haus 1965 im Zuge von Straßenbaumaßnahmen abgebrochen wurde.

Auch in der Schlossstrasse und am Lindenplatz befanden sich Gaststätten. Hier im Bild ist die Gaststätte von Hermann Pinx zu sehen. Sie wechselte häufig den Besitzer, blieb aber bis zur Wende als Gaststätte bestehen.

Die „Thüringer Schänke" (rechts am Bildrand) befand sich in der unteren Saalstraße in unmittelbarer Nachbarschaft zum „Café Morgenstern". Auch dieses Gebäude wurde beim Bombenangriff 1945 zerstört.

Die ehemalige Besitzerin und Gastwirtin der „Thüringer Schänke", Witwe Wilhelmine Danneil, im Jahre 1909 oder 1910 im Kreise von Angestellten und Stammgästen.

Die Gaststätten „Loch" und „Gambrinus". Das „Loch", 1485 erstmalig erwähnt, diente als Wohnhaus, Schmiede und Bäckerei. Bäckermeister Karl Tiller erwarb um 1830 die Schankkonzession für die Eröffnung des „Tillerschen Bierlokals", welches seit etwa 1853 als „Loch"Gaststätte bekannt geworden ist. Der Schokoladenfabrikant Ernst Hüther erwarb das Gebäude um 1925, ließ es vergrößern und künstlerisch ausgestalten.

In den 1870/80er-Jahren zählte auch ein Skatclub zu den Stammgästen im „Loch". Hier die honorigen Club-Mitglieder (von links) Fabrikbesitzer Wilhelm Cramer, Bürgerschullehrer Breul, Realschullehrer Lindner, Kommerzienrat Adolf Knoch und Oberlehrer Heinrich Franke.

Saalfelder Loch-Arie.

1909 gründete sich die Lochgesellschaft, zu der viele bekannte Saalfelder Persönlichkeiten gehörten. U.a. war auch Kirchenmusikdirektor Wilhelm Köhler ein gern gesehener Stammgast. Er widmete der Lochgesellschaft sogar eine im strengsten Kirchenstil gehaltene Loch-Arie mit dem interessanten Text: "O du dummer Kerl, du!"

Natürlich fanden auch in späteren Jahren Skatabende im „Loch" statt. Auf dieser um 1930 gemachten Aufnahme ist ganz links Ernst Hüther, der Besitzer der Gaststätte, zu sehen.

2

Ausflugsgaststätten und Kaffeehäuser

Ab dem 17. und 18. Jahrhundert wurde Kaffee als Getränk bekannt und sein Genuß fand rasch weite Verbreitung. Als „echter" Bohnenkaffee wurde er zum Luxusgetränk wohlhabender Kreise, als Kaffee-Ersatz (zumeist aus Malz, Gerste, Roggen und Zichorie gebrannt) „hungersättigender" Trank der ärmeren Bevölkerung. Als „Volksgetränk" hatte sich um 1800 indes nur der Kaffee-Ersatz durchgesetzt, der zunehmend im 19. Jahrhundert Aufnahme in den Haushalten fand. Echten und damit teuren Bohnenkaffee trank man hingegen in den mehr oder weniger vornehmen Kaffeehäusern. Vor allem in den großen Städten entstanden hochvornehme Zeitungscafés mit politisierenden und wichtig tuenden Stammgästen. In den kleinen Orten waren es eher gemütliche Kaffeeschenken und Konditoreien, in denen man Lotto, Billard, Schach oder Karten spielte, Kaffee oder auch Bier trank und all die süßen Herrlichkeiten genießen konnte. Die Kaffee-gärten und Ausflugsgaststätten entwickelten sich zum Eldorado des kleinen Mannes, der mit Kind und Kegel hinauswanderte und dort zu erschwinglichen Preisen einkehrte. Sparsame Hausfrauen konnten sogar eigene belegte Brote oder selbst gebackenen Kuchen mitbringen. Ob nun vornehmes Café, gemütliche Konditorei oder Ausflugslokal – sie alle förderten die Geselligkeit und Kommunikation und waren in allen Schichten der Bevölkerung gleichermaßen beliebt.

Gäste unter der Veranda vor dem Eingang des „Caféhauses Pflänzel" genießen hier ganz offensichtlich den Zauber eines sommerlichen Spätnachmittags. Rechts im Bild ist der Besitzer Eduard Pflänzel mit Ehefrau Clara, geb. Sternkopf, und Sohn Hans zu sehen. Aufnahme um 1900.

1892 eröffneten Hermann Bäucker und Otto Noe die erste „Thüringer Beerweinkelterei" an Stelle des seit 1823 bestehenden „Kellerhauses mit Tanzsaal und Gaststätte" von Salomon Zeh. 1908 übernahm Hugo Bäuker dann das Kellerhaus und betrieb außerdem eine Gaststätte.

Die Gäste vor dem „Felsenkeller" am Weidig wurden mit Wein bzw. Likör aus eigener Produktion bewirtet. Die Erzeugnisse des Beerengartens wurden auch im Laden in der Schlossstrasse, der ebenfalls der Familie gehörte, ausgeschenkt und verkauft.

Ernst Bäucker wandelte 1926 die Beerwein-kelterei in eine Gartenwirtschaft um. Im Garten-lokal fanden viele Sommerfeste der Feuerwehr und anderer Vereine statt. Im Bild der Kaufmann Ernst Bäucker mit Tochter Elfriede um das Jahr 1924/25.

Das 1846 neu errichtete „Schützenhaus" am Weidig wurde 1867 von Holzhändler Theodor Bäucker (rechts am Tisch) übernommen. Seinerzeit war das Haus ein gesellschaftlicher Mittelpunkt der Stadt, fanden hier Theateraufführungen, Konzerte, Bälle, Vorträge und Versammlungen statt. Die Bewirtschaftung erfolgte durch den jeweiligen Schießhauswirt.

Vor dem „Schützenhaus" und ganz in der Nähe des „Felsenkellers" wurde auf dem Weidig alljährlich das beliebte Vogelschießen abgehalten. Beide Gaststätten hatten natürlich geöffnet. Zum Tanz auf dem Festplatz im tannengeschmückten Zelt von Konditor Ollo Göbel spielte der sanfte Heinrich die Violine und seine beiden Begleiterinnen, Ehefrau und Tochter, sangen und zupften die Harfe.

Oberhalb von Grünhain und Saale stand weithin sichtbar der „Vereinsgarten". Eine großzügige, überdachte Veranda lud die Gäste zum Verweilen ein, die von hier aus einen herrlichen Blick über die Saale und die umliegende Berge hatten. 1858 hatte der Saalfelder Brauverein die Gaststätte gegründet, die jedoch nur bis 1922 bestand.

Das Gast- und Logierhaus, Restaurant und Café am Denkmal des Prinzen Louis Ferdinand in Wöhlsdorf – heute die Tanzoase „Hacienda Mexicana".

Die Ausflugsgaststätte auf der Friedenshöhe bestand schon seit 1873, wurde zunächst jedoch nur im Sommer betrieben. Durch die Errichtung eines Wirtschaftsgebäudes mit Schankbetrieb wurde dann die Bewirtschaftung ab 1914 ganzjährig möglich. In Erinnerung an den Deutsch-Französischen Krieg fanden alljährlich so genannte Sedanfeste statt, welche bald den Charakter von Volksfesten annahmen.

Das Bauernstübchen in der Ausflugsgaststätte „Friedenshöhe" wurde 1876 eröffnet. Es hieß ehemals „Braustübl" und war ein Anbau des alten Brauhauses am Kirchplatz. Dort wurde es abgetragen und originalgetreu in der „Friedenshöhe" wieder aufgebaut.

Inmitten einer 75.000 Quadratmeter großen Obstplantage liegt die Ausflugsgaststätte „Obstgut".
Sie wurde 1909 von dem Obstzüchter und Gartenbaufachmann Gustav Gehlen eröffnet und
besteht noch heute.

Die Vorwerksbrauerei Graba eröffnete 1897 die Gastwirtschaft „Feldschlösschen". Die Gaststätte (hier um das Jahr 1920) war gleichzeitig Pension und besaß einen schönen Garten. Häufig
war sie auch das Ziel von Radwanderern.

Im Jahre 1904 wurde Gustav Schulz Besitzer des „Feldschlösschens" und modernisierte das
Gebäude durch einen Saalumbau. Dort fanden nun häufig Tanzveranstaltungen statt, bei denen
u.a. auch die Swing Band „Querida" – hier im Jahre 1948 – aufspielte.

Die Gaststätte „Felsenkeller mit Kolonade und Kegelbahn im Garten" am Eingang zum Siechenbachtal wurde 1854 vom Saalfelder Brauverein gegründet und bis 1927 betrieben.

Ab 1928 diente das Gebäude dann als Jugendherberge. Später wurde es ein Weinlager der Saalfelder Getränkefirma Kühnpast, die hier Fässer mit 4.000 bis 5.000 Litern Fassungsvermögen lagerte. Aufnahme aus den 1960er-Jahren.

Die Ausflugsgaststätte „Kulmberghaus" entstand aus der 1925 errichteten Schutzhütte des Thüringerwald-Vereins. Die Schutzhütte wurde 1927 baulich erweitert und fortan als „Kulmberghaus" bewirtschaftet. 1929 kam eine Terrasse dazu.

Eine Innenansicht des „Kulmberghauses" in den 1930er-Jahren. Das Gebäude wurde 1945 zerstört, 1950 wieder aufgebaut, 1958 endgültig geschlossen und schließlich abgebrochen.

Die Gaststätte „Zur Linde" in Arnsgereuth warb seinerzeit stolz mit der sechs Kilometer langen „schönsten Rodelbahn Thüringens". Bis in die 1930er-Jahre wurde im Winter der gesamte Arnsgereuther Berg für die Rodler abgesperrt.

1854 wurde der Konditor Gustav Hübner Besitzer der schon 1642 erwähnten Gaststätte „Zum Halben Mond". 1889 übernahm Eduard Pflänzel die Konditorei mit Kaffeewirtschaft, in der auch selbstgefertigte Liköre und Spezereien angeboten wurden. Durch den Ankauf des Hauses Markt 4 konnte das Geschäft 1908 erheblich erweitert werden.

Eduard Pflänzel betrieb das Café von 1889 bis 1925. Davor hatte er als Lehrling in der Bäckerei Lange in der Johannisgasse gelernt.

Ehefrau Clara Pflänzel, geb. Sternkopf, arbeitete vor ihrer Heirat in der väterlichen Konditorei in Rudolstadt.

In den 1920er-Jahren übernahm Sohn Hans Pflänzel die Konditorei. Nach einem erneuten Umbau von Verkaufsraum und Caféhaus entwickelte sich das Café mehr und mehr zu einem geselligen Mittelpunkt der Stadt, den die Saalfelder gern aufsuchten. Die Gasträume wurden seinerzeit als „gediegen und zugleich bequem ausgestattet" beworben.

Die Küche verfügt bereits über elektrisch betriebene Kühlanlagen für die Herstellung von Gefrorenem und Eis. Hier eine Ansicht der modern eingerichteten Küche des Cafés in den 1930er-Jahren.

Ollo Göbel betrieb seit 1884 im Haus Markt 8 eine Konditorei mit Weinhandel. Zuvor hatte er das alte Gebäude von Seilermeister Christoph Friedrich Schmidt abbrechen und durch einen Neubau ersetzen lassen. 1919 wurde das Café von Paul Drehmann übernommen, der 1932 seine Konditorei in einen Neubau in der Sonnebergerstraße verlegte.

Ernst Morgenstern betrieb seit 1901 eine Bäckerei und seit 1913 auch ein Café. Das Café konnte man von der Saalstraße und dem Graben aus betreten. Im großen Saal fanden während des Zweiten Weltkrieges häufig Tanzveranstaltungen für die Wehrmacht statt. Die Druckwellen der Bombeneinschläge im Januar 1945 zerstörten auch hier viele Glasscheiben.

Um 1900 befand sich in der Saalstraße 62 (an der Saalerücke) ein Kolonialwarenladen von Anna Zenker. Später eröffnete Wilhelm Müller hier ein Café, das bis zur Schließung in den 1980er-Jahren im Familienbesitz blieb. Die Aufnahme stammt aus dem Jahre 1941.

Eine Innenansicht des beliebten Cafés.

Werbungen verschiedener Saalfelder Cafés.

3

Hotels und Pensionen

Im 19. Jahrhundert kamen bahnbrechende Erfindungen dem Reiseverkehr und damit auch dem gesamten Hotel- und Gaststättengewerbe zugute: die Dampfschifffahrt, die Eisenbahn und das Automobil. Zudem entdeckten die Menschen die Natur zunehmend als Ausflugs- und Reiseziel. 1839 kamen die ersten Baedeker-Reiseführer heraus, die ausführlich über Fahrpläne, Rastmöglichkeiten und Gasthäuser informierten. So wurde auch Saalfeld mit seiner landschaftlich schönen Lage zum beliebten Reiseziel. Der Bedarf an Übernachtungsmöglichkeiten für Touristen und Geschäftsleute stieg ebenso wie die Ansprüche an Gediegenheit und Ausstattung der jeweiligen Unterbringung. In einem Führer durch Thüringen von 1906 wurden in Saalfeld bereits mehrere Hotels empfohlen. Dazu gehörten am Bahnhof der „Kaiserhof"(vorher „Hotel Scheibe" und nach 1930 „Bahnhofshotel") und der „Thüringer Hof" vor allem für Durchreisende und Geschäftsleute. In der Innenstadt wurden „Hotel Anker" und „Roter Hirsch", „Gambrinus" und „Preußischer Hof" in der Blankenburger Straße, „Meininger Hof", „Prinz Ernst" am Hügel und das „Hotel Zapfe" in der Sonnebergerstraße empfohlen. Die Zimmerpreise – um 1910 pro Person und Nacht zwischen 0,75 bis ca. 2,50 Mark; d.h. sehr viel Geld für den Durchschnittsbürger – konnten sich indes ausschließlich wohlhabendere Reisende leisten. Für Familien boten sich die vielen preiswerten Pensionen an.

Der ehemalige Gasthof „Zur Güldenen Gans" wurde im 16. Jahrhundert im Renaissancestil errichtet. 1802 erhielt er den heutigen Namen „Goldener Anker". Seit 1900 befand sich das Gebäude im Besitz von Heinrich Rexrodt. Die heutige Fassadengestaltung – hier auf einer Aufnahme um 1935 – geht auf einen Umbau im Jahre 1925 zurück.

1864 ließ der Besitzer, Kaufmann Albert Schmidt, das Hauptgebäude umbauen. Dabei wurde die Fassade durch den Abbruch der beiden Renaissance-Zwerchhäuser und den Einbau neuer Fensteröffnungen grundlegend verändert (Aufnahme um 1900). Der Schank- und Speisebetrieb wurde vorübergehend eingestellt, stattdessen befanden sich eine Tuch- und Eisenwarenhandlung im Haus. Im April 1885 erfolgte durch Pächter Eduard Becker (späterer Pächter der „Coburger Bierstuben") die Neueröffnung der Gastwirtschaft.

Der Anker-Stammtisch zur Ast-Weihe am 7. Januar 1928 (von links): Heinrich Rexrodt (alter Ankerwirt), Rudolf Schröder, Wilhelm Müller, Paul Eberlein, Oskar Straßburg, Julius Diller, Alfred Krämer, K. Pil, Jakob Bächle, Arthur Muche, Max Winkler, Hermann Morgenweck, Krause, Fritz Rexrodt (junger Ankerwirt), Louis Klett, Richardt Tischer, Hugo Holzhey und Wilhelm Lange.

Heinrich Rexrodt erwarb den Gasthof im Jahre 1900 und ließ ihn in den folgenden Jahren zum modernen Hotel um- und ausbauen. 1924 wurde das Nachbargebäude Markt 25 angegliedert und umgestaltet, sodass dort 1930 eine Fleischerei und die „Ankerschänke" als weiterer Gaststättenteil eröffnet werden konnte. 1934/35 wurden die Kellerräume zum „Kurfürstenkeller" ausgebaut.

Vor dem „Anker" wurde an jedem Nach-
mittag die berühmte Thüringer Rostbratwurst verkauft. Auf dem Bild aus den
1930er-Jahren ist Margarethe Rieck, geb.
Rexrodt, zu sehen.

1934/35 erfolgte der Ausbau der umfangreichen Kellerräume. Sie wurden 1935 als „Fürstenkel-
ler" eröffnet. Malereien erinnern an viele prominente Persönlichkeiten, wie z.B. Kaiser Karl V.,
die im Hause als Gäste verweilten.

1921 wurde die Weinstube von Ernst Rabe am Saaltor eröffnet. Zuvor befand sich seit 1854 die Weingroßhandlung von August Kuhlig im gleichen Haus. 1928 ließ Rabe das Saaltor für zwei weitere Weinstuben ausbauen. Das „Weinhaus Rabe" wurde am 9. April 1945 beim Bombenangriff zerstört.

Saalfelder Geschäftsleute trafen sich in den 1930er-Jahren beim Stammtisch in der Turmstube des Weinhauses. Hinten v.l.: Walter Wolf, Fritz Grundmann. Mitte v.l.: Max Jahn („Thüringer Schänke"), Ernst Rabe („Weinhaus Rabe"), Rudolf Schröder, Friedrich Schüner, Franz Schröder. Vorn v.l.: Ernst Hiller, Karl Hezel.

Das spätere Hotel „Prinz Ernst" wurde 1899 von Georg Suffa zunächst als Konditorei und Café eröffnet. Direkt an der Saale befand sich ein Ausflugslokal mit Restauration und Gondelstation. Hier eine Aufnahme aus dem Jahre 1906.

Gäste des Hotels „Prinz Ernst" machen Picknick im Schatten der großen Kastanien. Im Hintergrund ist die Saalebrücke und der Beginn der Bahnhofstraße zu sehen. Aufnahme vor 1945.

Blick von der Saale auf das beim Bombenangriff am 9. April 1945 vollständig zerstörte Hotel „Prinz Ernst". Rechts im Bild das unbeschädigt gebliebene Café Müller.

Ernst Scheibe eröffnete 1872 (1885 Neubau) ein Restaurant am Bahnhof. Durch die günstige Lage war das Hotel eine beliebte Übernachtungsmöglichkeit für wohlhabende Bürger, die sich auf der Durchreise befanden. Nach der Schließung des Hotels wurde das Gebäude 1939 an die Deutsche Reichsbahn verkauft und für Verwaltungszwecke genutzt.

Ganz in der Nähe, am Bahnhofsvorplatz, befand sich der ehemalige „Bahn-Hirsch". Er wurde um die Jahrhundertwende gebaut, in den 1920er-Jahren von Schokoladenfabrikant Ernst Hüther angekauft und als Gastwirtschaft und Hotel eingerichtet. Auch der „Bahn-Hirsch" fiel dem Bombenangriff 1945 zum Opfer.

Der Gasthof „Gambrinus", ehemals Gasthof „Zum schwarzen Bock", wurde bereits 1445 als „Gastung" erwähnt und gehörte somit zu den ältesten Gasthäusern Saalfelds. Das Gebäude erhielt 1889 einen Fest- und Konzertsaal, der ein Jahr später zum „Konzert- und Ballhaus" umgebaut wurde. Seit 1932 befand sich auch das Capitol-Lichtspieltheater im Gebäude. Aufnahme um 1900.

Wilhelm Keppel eröffnete 1911 in der Saalstraße 35 das Hotel „Tanne".

Das Hotel „Zum Hirsch" mit dem 1905 davor errichteten Kriegerdenkmal. 1615 im Stil des Barock erbaut, war das Gebäude jedoch ursprünglich kein Gasthof. Erst Ferdinand Hutschenreuther verlegte 1851 seinen in der Blankenburger Straße bestehenden Gasthof „Zum Roten Hirsch" hierher.

Rothirsch Gaststätten
SAALFELD MAUXIONHOTELS PÖSSNECK

Saalfeld Tel. 2551 - 2552	**Roter Hirsch** Haus ersten Ranges 100 Betten — 25 Bäder — Gesellschaftsräume	am Markt
Saalfeld Tel. 2551 - 2552	**Auto Hirsch** Heim der Autofahrer 75 Betten — Hirsch-Garage	Brudergasse 12
Saalfeld Tel. 2551 - 2552	**Bahn Hirsch** Übernachtungshotel für Passanten 30 Betten — Bäder — Kaffee Restaurant und Garten	am Bahnhof
Saalfeld Tel. 2551 - 2552	**Das Loch** „Wer in Saalfeld war und hat „Das Loch" nicht gesehen, ist eben nicht in Saalfeld gewesen."	Blankenburger Straße 8
Pößneck Tel. 2777	**Post Hirsch** Haus ersten Ranges 40 Betten — Bäder — Gesellschaftsräume	gegenüber d. Hauptpost
Knobelsdorf Tel. 48 Arnsgereuth	**Wald Hirsch** Mauxionheim Gut Knobelsdorf Sommer- und Winteraufenthalt in herrlicher Höhenlage des Thüringer Waldes 600 m ü. M.	über Saalfeld-Saale

Ernst Hüther erwarb in den 1920er-Jahren mehrere Immobilien, die er zu Gaststätten oder Hotels umbauen ließ. Dazu gehörte 1917 auch der Gasthof „Hirsch". Hier eine Postkarte mit Werbung aus den 1930er-Jahren.

Links eine Speisekarte vom „Hirsch" aus den 1930er-Jahren. Rechts die Belegschaft, Kellner und Köche, aus der Hotel-Küche. Vorn rechts ist Konditormeister Nährlich, daneben Küchenmeister Kurt Berger zu sehen. Die Aufnahme wurde 1926 zum 30-jährigen Berufsjubiläum von Ernst Hüther gemacht.

Der Hotelier und Geschäftsführer aller „Hirsch-Gaststätten" Otto Hüther (Bruder von Ernst Hüther) mit Ehefrau Anna, geb. Geißler (rechts), im Schmuckhof.

Zu beiden Seiten der Eingangshalle im Erdgeschoss lagen die Bierstube und die hier gezeigte Schokoladenstube. Von der im holländischen Stil eingerichteten Schokoladenstube (auch „Mauxionstube" genannt) gelangte man direkt in den Verkaufsraum mit Theke.

Durch den wirtschaftlichen Aufschwung Saalfelds in den 1920er-Jahren und die landschaftlich schöne Lage wurde die Stadt mehr und mehr von Geschäftsleuten und Touristen aufgesucht. Man versuchte, allen Ansprüchen gerecht zu werden und richtete in den oberen Stockwerken des „Hirschs" einen Festsaal nebst einigen kleineren Räumen zur Durchführung von Kongressen und Veranstaltungen aller Art ein.

Der Maurermeister Ernst Hellmuth eröffnete 1865 in der Sonneberger Straße eine Gastwirtschaft unter dem Namen „Hellmuthsches Lokal". 1879 erwarb Hermann Zapfe das Gebäude,
erweiterte die Wirtschaft zum Hotel und baute einen neuen Saal an. Nach einem Brand 1929
wurde das Gebäude wieder aufgebaut.

Im Saal des Hotels fanden u.a. die Tanzstunden mit Lehrer Rank statt. Hier eine Gruppe von
Eleven im Jahre 1918.

1908 pachtete der Fleischermeister Albert Weltrich von der Aktienbrauerei Saalfeld die Gastwirtschaft „Bamberger Hofbräu" mit Fleischereibetrieb in der Saalstraße 44. 1922 wurde er Besitzer und ließ schließlich ab 1933 das Hauptgebäude zum Hotel mit zehn Fremdenzimmern um- und ausbauen. Im Bild Albert und Anna Weltrich mit ihren Kindern um 1920.

Nach dem Tod von Albert Weltrich 1938 wurde seine Frau Anna die Inhaberin des Hotels. Der Bombenangriff vom 9.April 1945 richtet großen Schaden am Haus an, auch wenn kein direkter Treffer zu beklagen war. Der Wiederaufbau kostet viel Kraft. Das Hotel – hier vor dem großen Umbau von 1933 – befindet sich auch heute noch in Familienbesitz.

Eine weitere Immobilie Ernst Hüthers war der „Auto Hirsch" in der Brudergasse 12. Der „Auto-hof" (Vorläufer unserer heutigen „Motels") bot für Automobilisten günstige Übernachtungs-möglichkeiten mit Garage, Tankstation und Reparaturwerkstätte an. Hier eine Außenansicht vom „Auto Hirsch" mit Malereien von Heinrich Bickel aus Garmisch-Partenkirchen.

Preisliste vom „Auto Hirsch". Gemeinschaftsübernachtungen waren seinerzeit schon für 0,90 Reichsmark und Zimmer ab 2,00 Reichsmark zu haben!

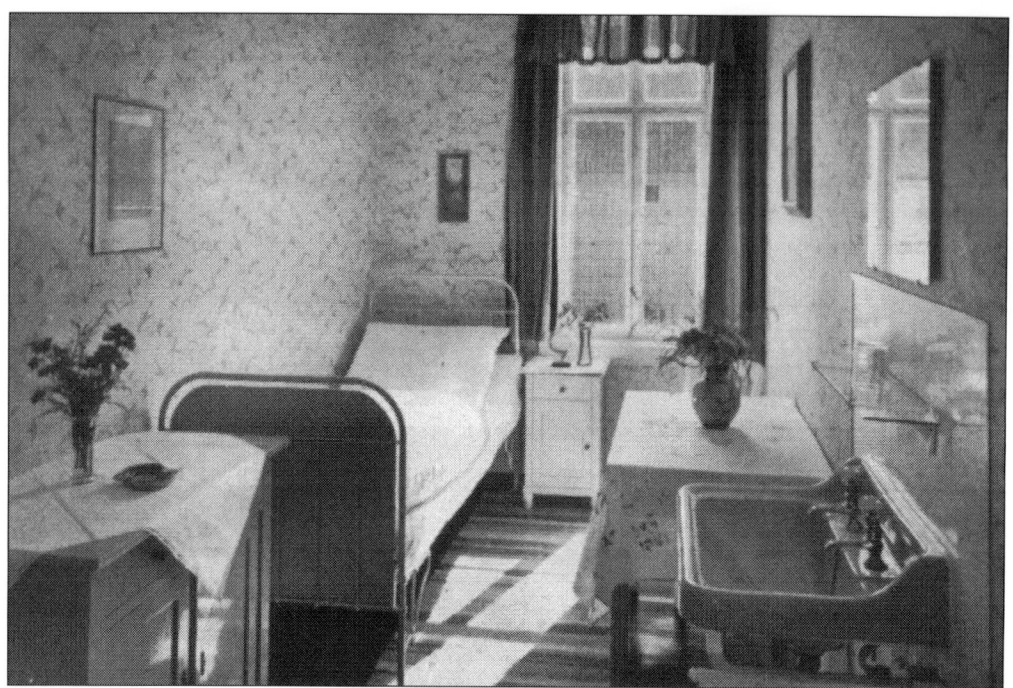

Ganz im Geiste der modernen, schneller gewordenen Zeit war die Ausstattung der Zimmer im „Auto Hirsch" einfach und funktionell.

Im „Autokasino", dem Gastraum des „Auto Hirsch", wurde diese Werbeaufnahme für den berühmten „Mauxion Schokotrunk" gemacht, der hier natürlich ebenfalls ausgeschenkt wurde.

4

Fleischer, Bäcker und
andere Lebensmittelgeschäfte

Mit wachsender Einwohnerzahl stieg um 1900 auch der Fleisch- und Brotkonsum. Neue Fleischereien und Bäckereien wurden eröffnet, an die oft noch eine Gastwirtschaft oder ein kleines Kaffee angeschlossen war. Noch um 1860 hatten die Fleischer und Bäcker ihre Verkaufsstände im Torweg oder auf dem Hausflur aufgeschlagen. Geschäfte wie wir sie heute kennen gab es damals noch nicht. Die Metzger hingen mit Vorliebe geschlachtete Schweine, Kälber und Schöpfe (Schafe) an Messinghaken vor ihren Haustüren auf. Vor den mit einem Schutzdach versehenen Fenstern der Bäckereien wurden die Waren auf hölzernen, weiß gestrichenen Tischchen angeboten. Wo das Verkaufsfenster etwas höher lag, sodass es von der Gasse aus nicht zu erreichen war, wurden davor Stufen angebracht. Außerdem wurden die Waren in den Fleisch- bzw. Brotbänken verkauft. Diese mussten gemietet werden und standen nur in einer begrenzten Anzahl zur Verfügung. Die Fleischbänke befanden sich in der Oberen Saalgasse (heute: Saalstraße) in dem ehemaligen Baumannschen Haus (heute: Apollo Optik), das einen Durchgang zur Darrtorgasse hatte. Die Semmelbank hatte ihren Standort im Erdgeschoss des Syndikatsgebäudes neben dem Rathaus (später Polizeiwache, heute Stadtverwaltung).

Ein Blick um das Jahr 1922 in die Fleischerei Gerlicher in der Saalstraße 19. Links steht vermutlich die Ehefrau von Besitzer Max Gerlicher.

Im Syndikatsgebäude (später Polizeiwache) neben dem Rathaus befand sich bis etwa 1900 die Semmelbank.

Im Baumannschen Haus in der Oberen Saalgasse (hier um 1910) befand sich im 19. Jahrhundert die Fleischbank.

Die Bäckerei von Agnes Schilling in der Niederen Köditzgasse 1a um 1910. Die Läden waren anfangs noch sehr klein und hatten zunächst keinen eigenen Verkaufsraum. Oft gab es nicht einmal ein Schaufenster. Die Ware wurde im Hausflur oder am Fenster auf hölzernen, überdachten Tischen verkauft.

In der Saalstraße 10 befand sich ein Spezialgarderobehaus für Herren- und Knabenbekleidung von Eduard Weiß und ab 1933 auch das Kolonialwarengeschäft „Backdie" mit einem großen Angebot an Backwaren.

Gleich im Nachbarhaus befand sich die Bäckerei Lange. Sie war bereits seit 1546 im Familienbesitz und bestand bis 1972! Hier ist gerade das Schaufenster zum 400-jährigen Jubiläum geschmückt. Das Geschäft von Otto Lange in der Saalstraße existierte von 1901 bis 1948.

Die Bäckerei Max Lange (Bruder von Otto Lange) in der Johannisgasse wurde ebenfalls 1901 gegründet. 1936 übernahm Max' Sohn Alfred das Geschäft, und bildete 1946 schließlich seine Tochter Annelore zur Bäckerin aus. Das Geschäft bestand bis 1972.

Max Lange im Jahre 1901 mit seiner Familie vor dem Geschäft in der Johannisgasse.

Saalfelder Bäckerlehrlinge beim Berufswettkampf 1938. Hinten rechts Bäckermeister Alfred Lange.

Die Fleischerei Karl Jahn neben dem Oberen Tor in den 1930er-Jahren. Ebenfalls im Bild zu sehen das Hiltmannsche Haus mit dem Kolonialwarenladen von Otto Hiltmann.

Häufig wurden Gastwirtschaften in Verbindung mit Fleischereien betrieben – wie hier der Gasthof „Zur Erholung" und die Fleischerei Hermann Kröckel um das Jahr 1910.

Die Fleischerei von Ernst Beuthe an der Ecke Gerbergasse / Judengasse.

Ansicht der Fleischerei Hugo Müller in der Fleischgasse 9.

Die Fleischerei und Gastwirtschaft Gerlicher bestand seit 1872 und wurde von Wilhelm Gerlicher gegründet. 1895 übernahm Sohn Karl das Geschäft. Er kaufte die umliegenden Grundstücke hinzu, ließ die alten Gebäude abreißen und in drei Etappen (1905, 1908, 1912) das Wohn- und Geschäftshaus neu bauen. Die Aufnahme zeigt noch die alte Fleischerei um das Jahr 1905.

Der Fleischermeister und Schankwirt (von 1862-74 ehemaliger Ratskeller-wirt) Wilhelm Gerlicher (1833-1909).

Die Familie des Fleischermeisters und Gastwirts Karl Gerlicher (1861-1941) mit Ehefrau Auguste (Mitte) und (von links) den Söhnen Max und Wilhelm. Ebenfalls im Bild die Töchter (von rechts) Marie, verh. Schultz, und Johanna, verh. Wagner, mit Familien. Aufnahme von 1932.

Im April 1945 wurde das Geschäftshaus im Zuge der Luftangriffe am Saaltor / Hügel und in der unteren Saalstraße durch Brandbomben und Feuer zerstört. Beim außerordentlich schwierigen Wiederaufbau nach dem Krieg konnte die einstige Schönheit der Hausfassade leider nicht wieder hergestellt werden.

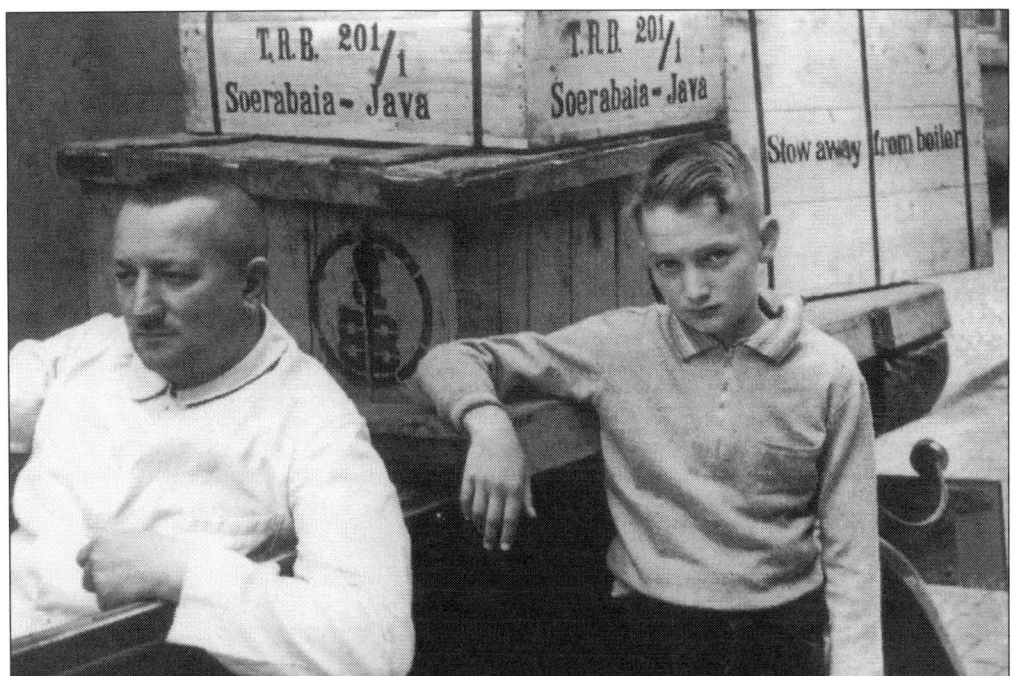

Der geschäftstüchtige Max Gerlicher exportierte seine Bratwürste in den 1930er-Jahren sogar nach Übersee. Neben ihm Sohn Wilhelm, der spätere Besitzer der Fleischerei.

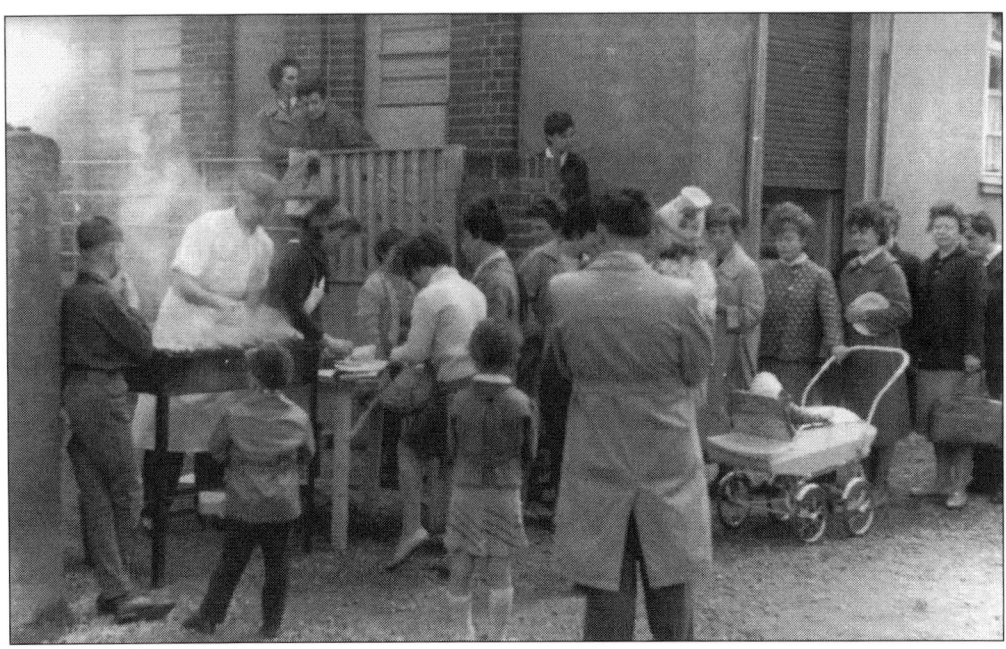

Die Thüringer Bratwurst hatte in Saalfeld immer einen hohen Stellenwert. Daran änderte sich auch zu DDR-Zeiten nichts, und das Anstehen gehörte einfach dazu. Hier der Bratwurststand der Fleischerei Heinrich Apel in Graba.

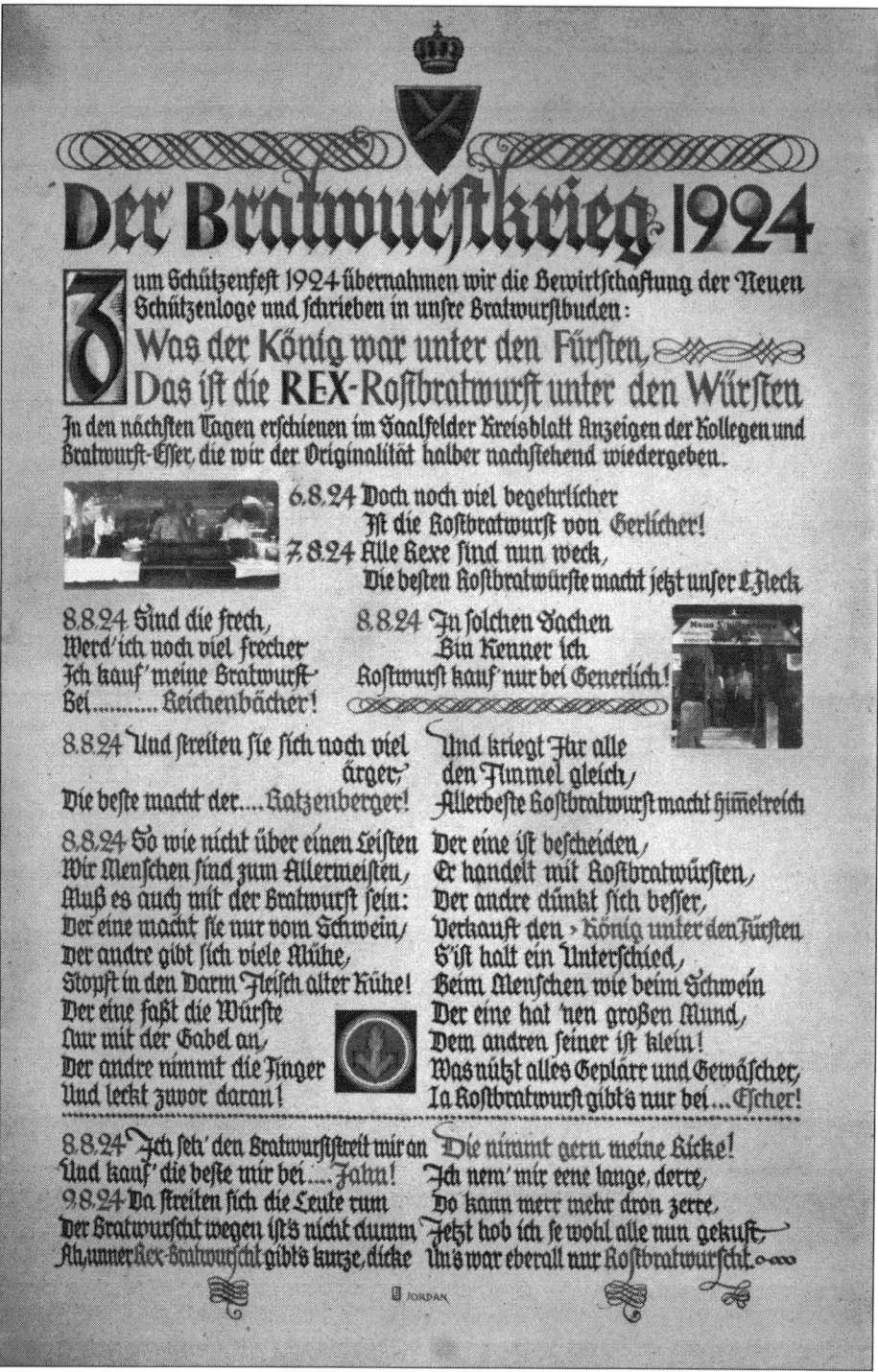

Der Bratwurstkrieg 1924

Zum Schützenfest 1924 übernahmen wir die Bewirtschaftung der Neuen Schützenloge und schrieben in unsre Bratwurstbuden:

Was der König war unter den Fürsten,
Das ist die REX-Rostbratwurst unter den Würsten

In den nächsten Tagen erschienen im Saalfelder Kreisblatt Anzeigen der Kollegen und Bratwurst-Esser, die wir der Originalität halber nachstehend wiedergeben.

6.8.24 Doch noch viel begehrlicher
 Ist die Rostbratwurst von Gerlicher!

7.8.24 Alle Rexe sind nun weck,
 Die besten Rostbratwürste macht jetzt unser C.Fleck

8.8.24 Sind die frech,
Werd' ich noch viel frecher
Ich kauf' meine Bratwurst
Bei.......... Reichenbächer!

8.8.24 In solchen Sachen
 Ein Kenner ich,
Rostwurst kauf nur bei Generlich!

8.8.24 Und streiten sie sich noch viel ärger,
Die beste macht der....Ratzenberger!

Und kriegt Ihr alle den Himmel gleich,
Allerbeste Rostbratwurst macht Himmelreich

8.8.24 So wie nicht über einen Leisten
Wir Menschen sind zum Allermeisten,
Muß es auch mit der Bratwurst sein:
Der eine macht sie nur vom Schwein,
Der andre gibt sich viele Mühe,
Stopft in den Darm Fleisch alter Kühe!
Der eine faßt die Würste
nur mit der Gabel an,
Der andre nimmt die Finger
Und leckt zuvor daran!

Der eine ist bescheiden,
Er handelt mit Rostbratwürsten,
Der andre dünkt sich besser,
Verkauft den > König unter den Fürsten
S'ist halt ein Unterschied,
Beim Menschen wie beim Schwein
Der eine hat 'nen großen Mund,
Dem andren seiner ist klein!
Was nützt alles Geplärr und Gewäscher,
Ja Rostbratwurst gibt's nur bei....Escher!

8.8.24 Ich seh' den Bratwurststreit mir an
Und kauf' die beste mir bei:....Jahn!
9.8.24 Da streiten sich die Leute rum
Der Bratwurscht wegen ist's nicht dumm
Ah,unner Rex-Bratwurscht gibt's kurze, dicke

Die nimmt gern meine Ricke!
Ich nem' mir eene lange, derre,
Do kann merr mehr dron zerre,
Jetzt hob ich se wohl alle nun gekust
Un's war eberall nur Rostbratwurscht.

JORDAN

In den 1920er Jahren entbrannte unter den Saalfelder Fleischern ein regelrechter Bratwurst-krieg. Jeder warb mit einem Zweizeiler für seine Wurst als die qualitätsmäßig beste. Die Verse wurden im Saalfelder Kreisblatt veröffentlicht. Der Grafiker Johannes Jordan gestaltete zu die-sem Anlass eine Tafel, die bis heute im Hotel Anker zu sehen ist.

Der Fleischer Ernst Streitberger in der Niederen Torgasse um 1910. Auch hier hängt ein geschlachtetes Tier am Messinghaken vor der Haustür, um Käufer anzulocken.

Die Fleischerinnung um 1910.

Schon 1895 eröffnete Bernhard Heinke zusätzlich zu seinem Delikatesswarengeschäft auf dem Kirchplatz 7 ein Geschäft in der Saalstraße 31. Um 1910 übernahm Bruno Heinke das Geschäft in der Saalstraße. 1926 folgte ihm Hermann Heinz als Besitzer und erweiterte das Geschäft durch Ankauf des Gebäudes Saalstraße 29. Werbung um 1925.

Eine Innenansicht vom Feinkostladen in der Saalstraße 31. Der Inhaber und spätere Besitzer Hermann Heinz ist ganz links zu sehen.

Eine Werbung für das Feinkosthaus in der Saalstraße. Hermann Heinz wirbt selbst für sein Geschäft.

Durch den Bombenangriff am 9. April 1945 wurden viele Wohn- und Geschäftshäuser in der Innenstadt zerstört. Besonders betroffen war die Saalstraße, hier im Jahre 1948. Die Fleischerei Gerlicher lag in Schutt und Asche. Feinkost Heinke stand noch, war aber stark beschädigt und einsturzgefährdet und wurde schließlich 1949 abgerissen.

Richard Krauss mit Frau Wilhelmine und Tochter Gertrud. Krauss gründete 1907 ein Milch-
geschäft in der Brudergasse 16 und zog damit 1921 in die Fleischgasse 18 um. Tochter Gertrud,
verheiratete Blochberger, führte später gemeinsam mit ihrem Mann Ernst das Geschäft weiter.

Der Straßenhandel wurde in den 1920er-Jahren ausgebaut, und die Milch nun mit einem
Hand- oder Pferdewagen ausgefahren. Aufnahme zum 25-jährigen Jubiläum des Kraussschen
Geschäfts.

Werbung im Jahre 1932 für Krauss' Produkte. Käse, Quark und andere Milchprodukte wurden selbst hergestellt. Vor allem ab 1933 wurde das Sortiment durch andere Lebensmittel erweitert.

Auf Grund von Hitlers Milchgesetz (Zuteilung der Milch) musste 1933 der Molkereibetrieb aufgegeben werden. Nach Richard Krauss' Tod 1936 übernahm Schwiegersohn Roland Blochberger den Laden, den er ab 1959 als Kommissionshandel mit der HO betrieb. Ab 1967 war es dann ein Selbstbedienungsladen, der schließlich nach fast 85 Jahren Familienbetrieb aufgegeben wurde.

In der Blankenburger Straße 11 befand sich seit den 1920er-Jahren ein Geschäft und eine Werkstatt für Möbel- und Dekoration von Otto Diesel. Für kurze Zeit zog hier um 1940 „Lebensmittel Küster" ein.

Nur wenige Jahre später, am 10. Dezember 1956, wurde hier der erste Selbstbedienungsladen Saalfelds eröffnet. Nudeln, Erbsen, Bohnen, Grütze und Gries, in braune Tüten verpackt, standen übersichtlich aufgereiht in den Regalen.

Werbung mit Gebrauchsanleitung: „Sie erhalten beim Eintritt ein Einkaufskörbchen, sammeln in dieses alle Artikel, die Sie sich selbst ausgewählt haben und bezahlen an der Kasse. Kein Warten mehr!"

Der modernisierte Selbstbedienungsladen in der Blankenburger Straße in den 1960er-Jahren. Das Konservenangebot war nun schon etwas größer. Immer zu bekommen waren Senf, Gurken, Spinat, Kraut und Marmelade.

In den 1950er-Jahren wurde es üblich, Schaufenster auch für politische Agitation zu nutzen. Es wurden Wettbewerbe veranstaltet und das „schönste Schaufenster" ermittelt. Hier ein Schaufenster in der Brudergasse, oberhalb des Klosterstübels, im Mai 1951.

Fragende und misstrauische Blicke zog seinerzeit der erste „West-Laden" in der Blankenburger Straße auf sich.

5

Kolonial- und Tabakwarengeschäfte

In der Stadt gab es einst viele kleine Eckläden und Lebensmittelgeschäfte – die sprichwörtlich gewordenen „Tante-Emma-Läden" –, die den Saalfeldern einen leichten und billigen Einkauf ermöglichten. Die Material- und Kolonialwarenläden hatten vom Tee bis zur Schuhwichse beinahe alles zu bieten: neben alltäglichen Waren manchmal auch Automobil- und Motorenbenzine, Schmieröle, Pulver und Jagdmunition. Hier konnte man auch „pumpen" oder „anschreiben" lassen. Die Kolonialwarenhandlungen boten verstärkt Produkte aus Übersee an: Tee, Kaffee, Südfrüchte, Farbhölzer, Gewürze und Spezereien. Die Anzahl der Material- und Kolonialwarengeschäfte nahm stetig zu. Waren es 1880 noch 29 derartige Geschäfte in Saalfeld, so gab es 1930 bereits 70 davon. Die ersten Tabakläden entstanden in der zweiten Hälfte des 19. Jahrhunderts. Der einst weit verbreitete Schnupftabak wurde immer mehr vom Rauchtabak, von Zigarren und schließlich Zigaretten verdrängt. Die Zigarette symbolisierte um die Jahrhundertwende die neue Zeit mit ihrer wachsenden Schnelllebigkeit und Oberflächlichkeit. Zunächst gab es in Saalfeld um 1880 nur zwei Zigarrenhandlungen – 1930 waren es dagegen schon 20 Tabakgeschäfte! Das Angebot der Tabakläden umfasste neben Kau-, Schnupf- und Pfeifentabak, Zigarren und Zigaretten auch die notwendigen Zubereitungs- und Handhabungsgerätschaften sowie Spirituosen und Süßigkeiten.

Blick in das Schaufenster des Kolonialwarenladens von Eduard Höhn in der Saalstraße um das Jahr 1900.

Hugo Bäuker übernahm 1880 den Materialwarenladen Ecke Schlossstrasse / Graben 1 von der Familie Kessler. Ab 1911 führte ihn Sohn Ernst als Kolonialwarenladen weiter (hier um 1920). Die Familie besaß außerdem den Felsenkeller mit der Beerweinkelterei am Weidig.

Eine Werbung des Geschäftes nach 1911. Im Angebot waren natürlich auch die Spirituosen (Beerenweine und Liköre) eigener Herstellung aus der Beerweinkelterei Felsenkeller am Weidig.

Das typische Aussehen eines dieser kleinen Kolonialwarenläden: Viele Bonbongläser, zahllose Schubfächer mit Emailleschildern und Papiertüten zum Verpacken aller losen Waren. Im Bäuckerschen Geschäft wurde auch Schnaps ausgeschenkt. Wollten die Kunden zum Feierabend noch nicht gehen, wußte sich Ernst Bäucker zu helfen: Er warf eine Hand voll Pfefferkörner auf die heiße Ofenplatte – das vertrieb dann auch den letzten Zecher!

Das Schaufenster des Kolonialwarenhandels von Hugo Bäucker mit Werbung und Auslagen der Schokoladenfabrik Mauxion nach dem Jahre 1920. Das Geschäft blieb bis 1972 in Familienbesitz.

Der Materialwarenladen von Friedrich Näder in der Breiten Straße 43. Das Schaufenster war kaum größer als ein normales Fenster und der Verkaufsraum sicherlich winzig. Im Zuge von Arbeiten zum Straßenausbau wurde das Haus 1930 abgebrochen.

Nach dem Neubau der Häuser unter den Lieden (um 1850) eröffnete Alfred Müller 1850 hier ein privates Bank- und Wechselgeschäft. 1870 wurde Hugo Ebert der neue Besitzer und richtete einen Material- und Kolonialwarenladen ein. Später befand sich das Haus im Besitz der Familie Bruno Lämmel. Wechselnde Inhaber betrieben lange Zeit einen Schuhwarenhandel.

Frau Löwe vor dem Kolonialwarenladen Kreuzer / Wadler in der Knochstraße um das Jahr 1925.

Arthur Heyder betrieb eine Materialwarenhandlung. Das Haus Markt 24 wurde 1930 umgebaut. Hier ein Aufnahme aus den 1950er-Jahren.

Arthur Heyder (1834-1907), Kaufmann und Besitzer des Hauses Markt 24.

Arthur Heyder

Markt 24   SAALFELD a. S.   Markt 24

empfiehlt sein Lager in:

**Glas, Steingut, Porzellan u. Spiegeln.
Kolonial- u. Materialwaren.**
Jagdmunition.
Wein, Cigarren, Tabake, Spirituosen.
Südfrüchte, Delikatessen und Fleischwaren.

Grösstes Lager aller Sorten Konserven, Wild, Geflügel, Fische (saisongemäss); Thee's, Chocoladen, Cacao, Mühlenfabrikate, Parfümerien, Toilette- und Haus-Seifen, Landesprodukte, Kleesaaten.

Werbung von 1903: Arthur Heyder bot außer Kolonial- und Materialwaren ein großes Sortiment an Porzellan, Glas und Steingut an, außerdem Landprodukte und Kleesaaten.

1898 eröffnete Karl Biedermann in der Blankenburger Straße ein Kolonialwaren- und Spirituosengeschäft – hier um 1910 aufgenommen. 1921 ging das mit einem Kaffeerösterei-Großbetrieb verbundene Geschäft an den Kaufmann Otto Hiltmann über. 1929 erhielt das Gebäude ein zweites Obergeschoss.

Die Häuser 28 bis 34 in der Oberen Straße gehörten ehemals der Familie Bäucker. Auf der Aufnahme um 1910 sind Nr. 32, ein Kolonialwaren- und Spirituosenladen, und Nr. 34, ehemals der Kolonialwarenladen von Ferdinand Bäucker (hier im Bild schon Fleischerei Hermann Zimmermann) zu sehen.

Das 1609 im Renaissancestil erbaute Gebäude in der oberen Saalstraße beherbergte im 18. Jahrhundert das kursächsische Postamt. Im 19. Jahrhundert war es ein Farbengeschäft mit wechselnden Inhabern. Seit 1900 betrieb Eduard Höhn darin einen Kolonialwarenhandel und bot weiterhin ein großes Sortiment Farben an. Im Haus befand sich auch das Zigarren-Spezial-Geschäft von Alexander Sellner. Aufnahme um 1905.

Der Brand von 1911 vernichtete die Nebengebäude und beschädigte das Hauptgebäude schwer. 1933 brannten die Hintergebäude des Hauses ab. Dabei war besonders das Lager von Kaufmann Höhn schwer betroffen. Trotzdem ließ sich Höhn nicht entmutigen und wagte jedes Mal den Wiederaufbau. Hier eine Innenansicht des schon recht modern anmutenden Ladens um 1930.

Vor dem prächtigen Eingangsportal des Höhnschen Hauses stand dieser bei den Kindern sehr beliebte Schokoladenautomat. In Zeitungsinseraten warb der tüchtige Unternehmer Höhn, seit 1895 auch „Königl. Preuß. Lotterieeinnehmer für Saalfeld und Umgegend", für „diskreteste Bedienung".

Der Kolonialwarenladen von Anna Zenker an der Saalebrücke gehörte später der Familie Müller, die hier eine Konditorei unter dem Namen „Café Müller" betrieb.

Blick von der alten Saalebrücke auf die Häuser direkt am Saaltor. 1891 wurde die Brücke abgebrochen und gleichzeitig auch die abgebildeten Häuser, um Raum für die Verlängerung der Saalstraße zu schaffen. Das Haus gehörte dem Seilermeister und Materialwarenhändler Friedrich Wolfram.

Um 1920 entstand diese Aufnahme von Else Ungers typischem kleinen Tante-Emma-Eck-
laden („Ungers billige Ecke") in der Friedensstraße / Ecke Rosmaringasse.

Links ein Blick in das Innere des Zigarrenladens von Dora Kirsch in der Saalstraße 4. Inspiriert von George Bizéts Oper „Carmen" (darin ist Carmen Fabrikarbeiterin in einer Zigarrenfabrik), nähte sich Inhaberin Dora Kirsch (rechts) ein Carmen-Kostüm. Dieses bestand ausschließlich aus Seidenbändern, die außen um die Zigarrenkisten gewickelt waren.

Werbung um das Jahr 1900 für das Herrengarderobengeschäft von Louis Bergmann in der Saalstraße 4.

Der Zigarrenladen „Al-Hei-Sa" (Albert Heinze Saalfeld) neben dem Hotel „Anker" am Markt 26. Rechts eine Werbung von 1924. Im Zuge der Umbauarbeiten der Gaststätte wurde das Geschäft in die Köditzgasse 3 und in die Obere Straße 18 verlegt.

In der Bahnhofsstraße befanden sich gleich zwei Tabakwarengeschäft nebeneinander: das von Karl Rhau und das Zigarrenhaus von Guido Schmidt (hier um 1920). Offensichtlich konnten sie gut nebeneinander bestehen.

Alfred Schmidt, der Vorgänger von Karl Rhau in der Bahnhofsstraße, betrieb zunächst einen Kolonialwarenhandel und bot außerdem Tabakwaren an. Hier eine Aufnahme aus dem Jahre 1914.

Im Haus Markt 2 befanden sich vor 1900 ein Gold- und Silberwarengeschäft von Eduard Theile und eine Eisenwarenhandlung. Das Gebäude wurde 1898 abgebrochen und durch einen Neubau ersetzt. Das Haus beherbergte fortan „Zigarren-Kagelmann" und Kaisers Kaffeegeschäft.

6

Geschäfte für Mode und Schönheit

Die eigentliche Modeindustrie entwickelte sich erst im 20. Jahrhundert. Und trotz des wachsenden Angebots an Textilien aus industrieller Herstellung behielt die Selbstanfertigung zunächst einen hohen Stellenwert. So hielten Schnitt- und Modewarenhandlungen ein komplettes Angebot zum Selbst- und Nachschneidern bereit. 1910 wurden im Saalfelder Adressbuch erstmalig Modewarengeschäfte mit Konfektionskleidung (so genannte Manufakturmodewarengeschäfte) genannt. Zwei Kaufhäuser (Becker & Salinger, Kaufhaus Schwenk) boten die gesamte Breite an Textilien an. Das Schuhmacherhandwerk gehörte schon immer zu einem der zahlenmäßig größten Handwerke Saalfelds: 1801 wurden 62 Meister, 20 Gesellen und 3 Lehrjungen bei nur 3.500 Einwohnern gezählt! Im Zuge der Industrialisierung wurden verstärkt ab den 1870er-Jahren Fabrikschuhe angeboten. Die städtischen Schuhmacher wurden mehr und mehr zu „Flickschustern" und „Besohlern". Ihr Anteil an der Schuhproduktion betrug 1925 nur noch drei Prozent (1875 waren es noch 90 Prozent!). Das moderne Frisörgewerbe, das es im Laufe der Zeit zu wahrer Kunstfertigkeit brachte, entstand erst am Ende des 19. Jahrhunderts. Bis dahin übernahm der Barbier – dem traditionell die (wund)ärztliche Versorgung der Bürger oblag – alle mit der Schönheit zusammenhängenden Aufgaben wie Haarewaschen, Schneiden, Kämmen und Rasieren.

Der Frisör Arthur Müller (hinten rechts) in seinem Salon unter den Lieden am Markt 9 – aufgenommen um das Jahr 1930.

Das Schuhwarenhaus von Julius Meisch in der Saalstraße 34 hatte eine große Auswahl von Fabrikschuhen im Angebot. Daneben wurden aber nach wie vor auch Reparatur- und Maß-arbeiten angeboten. In diesem Haus hatten auch die Fotografen Arthur Muche und später dann Georg Paetsch ihr Atelier.

Die typische Einrichtung eines Schuhgeschäfts in den 1950er-Jahren. Die Schuhabteilung befand sich im 1953 neu eröffneten HO-Warenhaus in der Oberen Straße.

Im Eckhaus unter den Lieden, Markt 19, wurde lange Zeit ein Schuhgeschäft betrieben. Um 1930 war Leopold Katz Inhaber. Er musste aber schon 1933 seinen Laden aufgeben, da auch in Saalfeld zum Boykott gegen jüdische Geschäfte aufgerufen wurde.

Das Haus Saalstraße 11 befand sich seit 1690 im Besitz der Familie Knabe, die eine Apotheke betrieb. Außerdem eröffnete hier Paul Joske 1889 ein Weißwaren-, Posamenten- und Putzwarengeschäft (später Saalstraße 7). Otto Stolz betrieb hier um 1908 einen Schuhwarenhandel (später Saalstraße 6), und 1932 zog der Kunstgewerbeladen „Das Bunte Lädchen" ein.

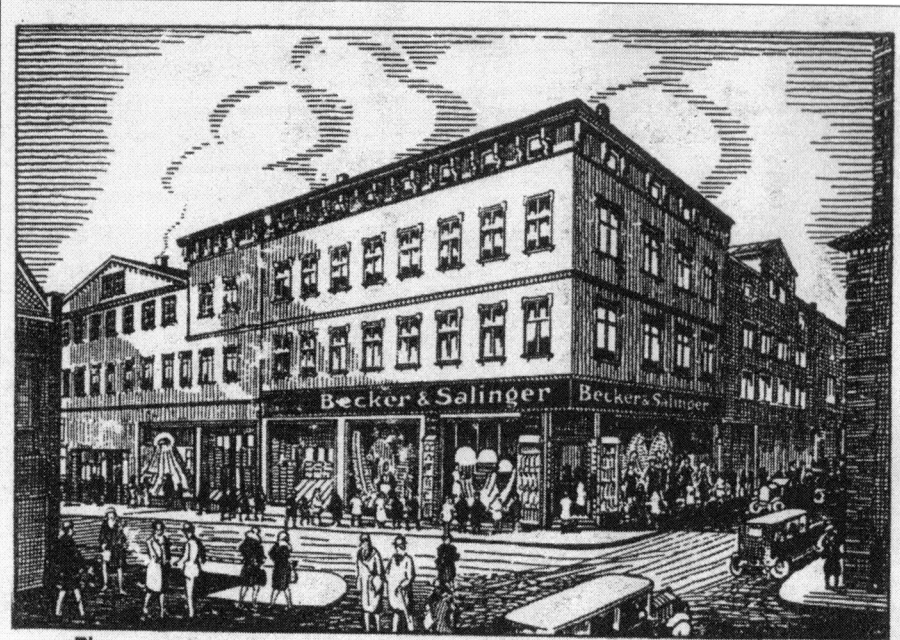

Die Kaufleute Otto Becker und Eugen Salinger aus Apolda sowie Karl Kilsperger aus Saalfeld gründeten 1911 das „Kaufhaus Thüringen, Becker & Salinger" in der Saalstraße 16 als Spezialgeschäft für Damenkonfektion, Putz- und Modewaren, Kleiderstoffe, Wäscheausstattungen, Teppiche, Gardinen und Herrenartikel. Hier eine Werbung um 1930.

98

Der Eigentümer vor dem Eingang des Kaufhauses um 1920. 1933 wurde zum Boykott gegen die jüdischen Inhaber aufgerufen. In Saalfeld waren auch andere Geschäfte vom Boykott betroffen – u.a. das Schuhhaus Bober, die Pferde- und Viehhandlung Friedmann, die Darmhandlung Louis Sachse, das Webwarengeschäft Oskar Großmann und die Herren- und Damenbekleidung Gustav Steinberg.

Am 3. August 1930 brannte das Kaufhaus vollständig nieder. Der Wiederaufbau in Eisenbeton-Skelettbauweise geschah noch im gleichen Jahr nach Entwürfen des Architekten Ludwig Böduel. Die Aufnahme wurde kurz nach dem Bombenangriff auf Altsaalfeld im Januar 1945 gemacht. Die Geschäfte waren geschlossen und viele Scheiben durch die Druckwellen zerstört. Auf dem Schild links am Eingang des Kaufhauses steht: „Wer plündert wird erschossen."

Eine Werbung des Kaufhauses – nun das „Haus der Geschenke“ oder „Eisen-Kahl“.

Nach 1950 hieß das Haus Kaufhaus Industriekonsum („INKO“). Im Erdgeschoss wurden Fahrräder und Kinderwagen verkauft, im Obergeschoss Spiel- und Haushaltswaren.

Der bekannte Juwelier Wilhelm Sieburg hatte vor dem Brand von 1911 sein Geschäft im Höhnschen Haus untergebracht. Davor befand sich das Geschäft in der Saalstraße 28.

Seit 1911 bis heute befindet sich das Geschäft nun in der Oberen Straße 4.

In dem allen Saalfeldern bekannten Fehlerschen Frisörgeschäft, Saalstraße 54, befand sich um 1900 auch die Filiale eines Berliner Schuhhauses.

Auf dem Foto von 1890 befindet sich noch die Bäckerei von Richard Fuchs im Haus, und neben dem Tor ist die Weingroßhandlung von August Kuhlig zu sehen. Erst 1910 richtete Otto Fehler, nach seinem Umzug aus Oberen Straße 4, ein Barbier- und Frisörgeschäft ein.

Ein Blick ins Innere des Barbier- und Frisörgeschäfts um 1930. Rechts Besitzer Otto Fehler.

Frisörinnen im Sommer 1939 bei der Arbeit
mit dem abenteuerlich anmutenden Heiß-
wellapparat zum Dauerwellen der Haare.

Das Haus Markt 9/10 war immer ein Geschäftshaus, in dem Bortenwirker, Buchbinder, Barbiere, Horndreher, Seiler und Sattler lebten und arbeiteten. Es wurde um 1500 vom damaligen Besitzer in zwei Haushälften geteilt, die in der Folgezeit häufig unterschiedliche Eigentümer hatten. Erst 1902 gab es wieder einen Besitzer: Arthur Müller. Durch einen Umbau 1982 wurden beide Haushälften auch baulich wieder vereinigt.

Bevor Arthur Müller der neue Besitzer wurde, betrieb hier der Barbier, Heilgehilfe, Zahntechniker und Totenbeschauer Karl Uhlendorf um 1860 ein gut gehendes Geschäft. Hier eine Werbung aus dem Jahre 1896.

Dieses Gebäude Ecke Markt / Obere Straße 1 war seit Anfang des 19. Jahrhunderts eine Gaststätte. Seit 1878 Restaurant mit „französischem Billard" von Louis Danz, gehörte sie danach Louis Schwarz. 1895 eröffnete Paul Richter hier ein Wäsche-, Woll-, Weiß- und Modewaren-Geschäft.

Diese Geschäftswerbung wurde 1910 in einem Saalfelder Hochzeitsalbum abgedruckt.

1899 eröffnete Wilhelm Schwenk, vormals Jacob Bauer, in der Oberen Straße 10 ein Modewarengeschäft.

Im Jahre 1928 wurde Oswald Bauch (hier mit seiner Ehefrau) der neue Besitzer des Geschäftes.

Die Mitarbeiter des Kaufhauses um das Jahr 1930.

1928 und 1932 wurde durch Zukauf der Häuser 8 und 6 die Verkaufsfläche beträchtlich erweitert und eine gemeinsame Straßenansicht geschaffen. Haus Nr. 6 befand sich im Besitz der Familie Voit, die ein Geschäft mit Drechslerarbeiten und Elfenbeinschnitzereien betrieb. Außerdem befand sich die Eisenwarenhandlung Heinrich Prüfke im Haus. Das Haus Nr. 8 beherbergte die ehemalige Vereinsbank.

Am Markt gab es mehrere Textilwaren-geschäfte – unter den Lieden z.B. das Manu-faktur- und Modewarengeschäft von Gustav Petersilge. Das Haus befindet sich bereits seit 1880 im Besitz der Familie Bruncke.

Direkt gegenüber vermietete der Kaffeehaus-besitzer Eduard Pflänzel im Haus Markt 3 an Kurt Tränkner ein Wäsche-, Weiß- und Wollwarengeschäft.

Schon 1876 eröffnete Gustav Petersilge den Laden im Haus Markt 11 – hier von der Kirch-platzseite aus gesehen. Im zweiten Obergeschoss befanden sich die Nähstuben des Geschäfts. Ein Textilladen wurde bis in die 1950er-Jahre betrieben, daneben aber u.a. auch ein Blumen-laden, eine Eisdiele und ein Kurzwarengeschäft. Die Geschäfte konnten vom Markt und von der Kirchplatzseite her betreten werden.

Paul Joske zog mit seinem Weißwarengeschäft mehrmals in der Saalstraße um. Um 1900 befand es sich in der Saalstraße 7. Hier die Belegschaft des Ladens um das Jahr 1900.

Neben Paul Joskes Laden befand sich das Baumannsche Haus. Ehemals war hier die Fleischbank, später dann eine Papier-, Schreib- und Galanteriewarenhandlung. Ein paar Schritte weiter Klempner Emil Frankes Haus- und Küchengerätehandlung, die in den 1860er-Jahren als Geschäft mit dem sensationell „größten" Schaufenster Saalfelds galt.

Diese Aufnahme vom Gebäude Saalstraße 1 wurde um 1870 gemacht. Seit 1868 befand sich hier das Bank- und Wechselgeschäft von Clemens Lämmerzahl. Ab 1878 wurde das Haus als Textilwarengeschäft genutzt. Zunächst eröffneten die Gebrüder Cohn ein Tuch-, Leinen- und Modewarengeschäft.

Der neue Besitzer Max Engelhardt, der hier ein Manufaktur- und Modewarengeschäft betrieb, ließ das Gebäude 1900 um ein Stockwerk erhöhen. Zuvor hatte er seit 1896 ein „Spezial-Geschäft für Strumpfwaren, Trikotagen, Wäsche- und Strickgarne" in der Blankenburger Straße 21. Aufnahme um 1933.

Die Gebrüder Cohn zogen am 1. Juli 1900 in das Gebäude am Markt 20 um. Ihr Geschäft war eines der größten dieser Art in der Umgebung und bestand bis etwa 1922. 1928 zog hier die Städtische Sparkasse ein.

Auf dem Bild von 1865 ist noch das alte Gebäude, das kurze Zeit die Post beherbergte, und die danebenliegende Apotheke zu sehen. Beide Häuser brannten 1880 ab, wurden aber wieder aufgebaut.

Ein Blick vom Saumarkt in die Saalstraße: Links im Bild ist die Gaststätte und Fleischerei Gerlicher und geradeaus das Haus der Familie Wunderlich zu sehen. Um 1904 wurde hier ein Textilgeschäft von S. Grossmann betrieben – gefolgt von Galanterie-, Leder- und Spielwaren und dem Kolonialwarenladen von Max Wunderlich. Das Haus wurde in den 1980er-Jahren abgerissen.

Der gleiche Blick in die Saalstraße in den 1880er-Jahren. Links im Bild ist auch das Haus von Schuhmachermeister Richard Baumann zu sehen. Er verkaufte noch am Fensterladen, der abends geschlossen wurde. Das Haus wurde 1910 abgerissen und neu gebaut. Vielen Saalfeldern ist es noch als die Fischhalle von Hugo Haubenreißer bekannt.

7

Geschäfte für Dies und Das

Im Zuge der Industriealisierung verschwanden viele traditionelle Gewerke wie die der Nadler, Beutler, Gürtler, Handschuhmacher, Hutmacher, Scherenschleifer, Messer- und Nagelschmiede, Kammmacher, Färber, Tuchscherer, Zeug- und Siebmacher, Leineweber, Gerber und Seiler nach und nach ganz aus dem Stadtbild. Andere Gewerke konnten weiterhin gut bestehen, bzw. wurden neu gegründet. Nach wie vor war es üblich, dass die Handwerker in der Regel ein Geschäft in der Stadt hatten, das die Möglichkeit bot, ein großes Sortiment an eigenen Erzeugnissen anzubieten und sich auf spezielle Kundenwünsche einzustellen. Dazu gehörten z.B. Möbeltischler (Streitberger in der Oberen Straße), Klempner (Schwaabe in der Fleischgasse), Buchbinder (Niese in der Oberen Straße) und Seiler (Sontag unter den Lieden). Mehr und mehr Waren wurden nun maschinell gefertigt und konnten zu erschwinglichen Preisen angeboten werden. Es entstanden Geschäfte für fast alle Dinge des täglichen Bedarfs. Mit dem Aufkommen neuer Erfindungen wie Fahrrädern, Automobilen, Nähmaschinen, Fotoapparaten und anderen entstanden weitere Ladengeschäfte, die meist gleich mit einer Werkstatt verbunden waren und so einen kompletten Service vom Kauf bis zur Reparatur anbieten konnten.

Im Haus der Familie Wunderlich wurde um 1920 ein Haushalts- und Spielwarengeschäft betrieben. In den 1980er-Jahren fiel das Gebäude jedoch der Spitzhacke zum Opfer.

In der Oberen Straße 19 wurde 1889 ein Möbelgeschäft von Ernst und Alban Streitberger eröffnet. Alban Streitberger entwarf und baute die Möbel teilweise auch selber.

Ernst & Alban Streitberger

Fernspr. 123 · Saalfeld-Saale · gegr. 1865

Obere Straße 19
Am oberen Tor

Möbel- · Braut-
Neuheiten · Ausstattungen

Ständige Ausstellung kompletter Musterzimmer
in vornehmer und einfacher Ausführung :: ::

Eigene Polster- · Eigene Tischlerei
und Dekorations-Werkstätten · mit elektrischem Betrieb

Geschäftswerbung der Streitbergers aus dem Saalfelder Adressbuch von 1930.

In der Pfortenstraße eröffnete der Möbeltischler und Bildschnitzer Adolf Bock ein Möbelgeschäft, das heute als Kunstgewerbeladen von Lothar Bock bekannt ist. Hier Lothar Bock als Kind mit seinem Roller um 1930.

Unter den Lieden, am Markt 17, befand sich zwischen 1910 und 1918 das Papier- und Schreibwarengeschäft von Alfred Matthäus. Davor wurden hier Posamenten und Schnittwaren hergestellt.

Die ehemalige Schmiede von Ludwig Bauer wurde 1926 zu einem modernen Ladengeschäft umgebaut. Später befand sich dann das Schokoladen- und Zuckerwarengeschäft von Anna Oppermann im Haus, gefolgt vom Blumengeschäft „Azalee".

Ein Fahrradladen von Marcus Stegner befand sich im ehemaligen Gernhardtschen Haus in der Saalstraße 32. Dieses wurde zwischen 1903 und 1907 abgebrochen und neu errichtet.

Jedes Haus unter den Lieden war auch gleichzeitig ein Geschäftshaus mit einem oder sogar zwei Läden. Die Häuser konnte man vom Markt und der Kirchplatzseite her betreten. Um 1935 reihten sich Konditorei, Frisör, Sattler, Konfektionsgeschäft, Seilerwaren, Schuhwaren, Stoff-Wagemann, Buchbinder und Spielwaren, Coburger Hofbräu, Buchhandlung und Papierwaren, Uhrmacher und Schuhhaus aneinander.

Im Haus Blankenburger Straße 15 befand sich nach 1900 der Galanterie-, Leder- und Papierwarenhandel von Richard Hampel. In einem alten Lexikon von 1846 werden Galanterien folgendermaßen beschrieben: „... Zierrat, Putzsachen, Bänder, Kopfputz, Fächer, Handschuhe, Flor, Schmuck, Berlocken, Colliers u.a.m."

In der Oberen Straße 26 hatten Constantin (und später Rudolf) Niese eine Buch- und Papierhandlung. Gleichzeitig befand sich im Haus auch die Redaktion des „Saalfelder Wochen- und Anzeigeblatts" (später „Saalfelder Kreisblatt"). Links zum Teil sichtbar das Haus des Seifensieders Robert Schmidt. Der Verkauf fand bei ihm noch am Fenster statt, das am Abend mit einem hölzernen Laden verschlossen wurde.

Die Häuser in der Oberen Straße 9-13 / Ecke Johannisgasse – ehemals Kolonialwarenhandel, daneben Bäckerei sowie Glas-, Porzellan- und Steinguthandlung – wurden während des Bombenangriffs 1945 vollständig zerstört.

Dieses Bild wurde während der Aufräumungsarbeiten gemacht. Frauen und Kinder halfen mit, die Trümmer zu beseitigen und noch brauchbare Sachen aus dem Schutt zu bergen. Die Qualität dieser Bilder ist nicht sehr gut. Doch nach 1945 fehlten gute Fotoapparate und das Filmmaterial war oft minderwertig. Trotzdem sind diese Fotos wichtige Zeitdokumente.

Die nunmehr freie Ecke wurde dann 1953 mit einem Warenhaus der staatlichen Handelsorganisation (HO) neu bebaut. Die Aufnahme stammt von 1970.

Kurz vor Eröffnung des Kaufhauses am 31. Juli 1953: Menschen aus der ganzen Stadt waren auf den Beinen, um die Eröffnungsangebote zu ergattern – zumal alles frei und ohne Bezugsschein verkauft wurde. Damit es auf der Straße keinen Auflauf gab, ließ man die Leute im Hof anstehen und immer nur zehn Personen schubweise herein.

Bereits 1883 wurde im Haus Markt 5 eine „Drogen, Chemikalien und Farbwarenhandlung" von Albert (danach Oscar) Beschnidt eingerichtet. Nach 1918 übernahm Paul Klose das Geschäft, gefolgt 1939 von Otto Richter. Gleichzeitig konnte man hier Fotoartikel erwerben und Filme entwickeln lassen.

Eine Innenansicht des Ladens im Jahre 1926 nach dem Umbau. In den Vitrinen stehen ordentlich nebeneinander aufgereiht: Haarwasser, Hustenbonbons, Seifenflocken, Hühneraugentinkturen u.ä.

Der so genannte „Blaue Laden", Drogerie und Fotoarbeiten, in der Oberen Straße 16 wurde von Bruno Beschnidt betrieben.

In der Saalstraße 50 befand sich um 1900 die Fleischerei von Louis Fleck und in den 1930er-Jahren der Fahrrad- und Nähmaschinenhandel Karl Schlözer.

Anfang des 19. Jahrhunderts eröffnete August Sontag ein Seilerwarengeschäft in Verbindung mit einem Samen- und Materialwarenhandel sowie einem Schnapsausschank. Nach 1900 wurde nur noch der Handel mit Bürsten- und Seilerwaren betrieben. Dazu gehörten Flachs- und Hanfwaren, Spinnradschnüre, Kienruß und Schmiere verschiedenster Art. Das Geschäft blieb bis in die 1930er-Jahre in der Familie.

Das aus dem 18. Jahrhundert stammende Wohnhaus von Seilermeister Wilhelm Bickel in der Saalstraße 48. Bickel (gest. 1918) war der letzte Obermeister der Innung in Saalfeld. Das Gebäude wurde 1929 weggerissen und nach Plänen des Architekten Ludwig Böduel neu gebaut.

:Otto Schwaabe:

Inh.: Ernst Schwaabe, Klempnermeister

Saalfeld (Saale), Fleischgasse

Fernsprecher 246. Gegründet 1875.

Installation für Gas- u. Wasseranlagen. Moderne Bäder für Gas- und Kohlen- Heizung. Automatische Heißwasseran- lagen. Aufwaschtische. Wasch- u. Klosett- anlagen. Kochherde und Heizöfen für Gas und Kohle. Erstklassige Fabrikate. Kompl. Haus- und Küchengeräte-Ein- richtungen, Hochzeits- und Gelegenheitsge- schenke, ff. Nickelwaren, Kaffee-, Tee- und Rauchservice, Haushaltmaschinen, Glas, Porzellan u. Steingutwaren, Küchengarnituren, Wein-, Bier-, Likör- u. Waschservice, ff. Speiseservice, Holz- und Blechwaren, Solinger Stahlwaren Messer, Gabeln, Löffel, großes Lampen- lager, moderne Neuheiten für Gas und Pe- troleum. Prima Kochgeschirre in Kronen- Aluminium, Emaille und Gußeisen. Stets Neu- heiten in guter Qualität bei billigsten Preisen, Voll-, Sitz- und Kinderbadewannen.

Mitglied des Rabattsparvereins.

Modernes Bad mit Brause und Zimmerheizeinrichtung.

Johns Volldampf-Waschmaschine.

Original-

Bade Duplex

Dampf-Fruchtsaft-Bereitung

Frisch-haltung.

Neuester Dampfeinkoch-Apparat.

Gaskocher.

1875 gründete Otto Schwaabe in der Fleischgasse 17 eine Klempnerei mit angeschlossenem „Geschäft für Haus- und Küchengeräte sowie Geschenkartikel". Das Geschäft blieb bis 2004 (!) in der Familie. Im Bild ist eine Werbung aus den 1920er-Jahren zu sehen. Hier wird deutlich, wie sich doch das Berufsbild des Klempners im Laufe der Jahre gewandelt hat!

Daneben hatte Gustav Sell seit 1928 sein Ladengeschäft für Farben, Lacke und Öle. Das Geschäftshaus in der Fleischgasse 19 entstand, nachdem das alte Gebäude der Zirkus- und Artistenfamilie Stey abgerissen worden war.

Zuvor befand sich der Laden in der Sonnebergerstraße 57, ab 1921 dann an der Ecke Schulplatz / Auf dem Graben, wie hier auf dem Foto zu sehen. Der Familiebetrieb bestand von 1919 bis 2004.

1946 eröffnete Gerhard Kühnpast in der Webergasse 31 eine Fabrik zur Herstellung von Mineralwasser, Fruchtsirup, Süßmost, Limonade und Spirituosen aller Art. Er entwickelte auch das Getränk „Vipa" mit einem Zusatz von 20 Prozent Importwein. Auf dem Foto aus den 1960er-Jahren ist die Firma mit dem dazugehörigen Fuhrpark zu sehen.

Das Ladengeschäft der Firma Kühnpast befand sich in der Saalstraße und ist heute ein Lampengeschäft. Die Firma bestand bis in die 1970er-Jahre.

Register

Die Heimat entdecken!

Von Kiel bis Wien, von Aachen bis Görlitz: Entdecken Sie Alltagsgeschichten aus Ihrer Heimatstadt!

Leben in der Großstadt …

Tauchen Sie ein in das quirlige Großstadtleben vergangener Tage. Spazieren Sie über breite Boulevards und stürzen Sie sich ins Nachtleben. Erkunden Sie ihre Stadt durch die Fensterscheiben einer Straßenbahn oder des ersten Käfers und bewundern Sie prächtig geschmückte Schaufenster.

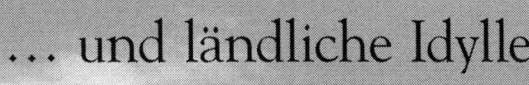

… und ländliche Idylle

Wie sah das Leben in Ihrer Heimat aus, als die Bauern noch mit Pferden pflügten und jedes Dorf seinen eigenen Schmied hatte, jeder noch jeden kannte und das Leben sich zwischen Kirche, Wirtshaus und Wohnküche abspielte?

Erinnerungen an die Schulzeit ...

Erinnern Sie sich noch an die Zeiten von Abakus und Schiefertafel, an Klassenausflüge oder den ersten Taschenrechner? Blicken Sie zurück auf große Klassen und gestrenge Schulmeister, entdecken Sie auf Klassenfotos Freunde und Bekannte von früher!

... und das Arbeitsleben

Entdecken Sie, wie sich das Arbeitsleben in den letzten hundert Jahren verändert hat. Werfen Sie einen Blick in Fabrikhallen, blicken Sie Handwerksmeistern bei ihrer Arbeit über die Schulter und erinnern Sie sich an den Einkauf im Tante-Emma-Laden.

Gesellige Stunden im Verein ...

Fußballclub und Schützenverein, Musikkapelle und Gesellenverein: Schauen Sie zurück auf Volksfeste und Turniere, Chorproben oder Prunksitzungen. Erinnern Sie sich an schöne Stunden und das gesellschaftliche Leben in Ihrer Heimat.

... und im Familienkreis

Werfen Sie einen Blick in die Wohnzimmer vergangener Tage und entdecken Sie, wie sich zwischen schweren Eichenmöbeln, Nierentischen und Ikea-Regalen der Alltag verändert hat. Erleben Sie Familienfeiern und Weihnachtsfeste im Wandel der Jahrzehnte mit.

www.suttonverlag.de

Zeitfracht Medien GmbH
Ferdinand-Jühlke-Straße 7
99095 Erfurt, Deutschland
produktsicherheit@kolibri360.de

Druck:
CPI Druckdienstleistungen GmbH
im Auftrag der
Zeitfracht Medien GmbH
Ein Unternehmen der Zeitfracht - Gruppe
Ferdinand-Jühlke-Str. 7
99095 Erfurt